T0153793

DU MÊME AUTEUR

À la même librairie

Carnets philosophiques 1945-1950, 2021.

Le monde naturel comme problème philosophique, nouvelle traduction complétée, 2016.

Aristote, ses devanciers, ses successeurs, 2011.

Chez d'autres éditeurs

Correspondance avec Robert Campbell et les siens, 1946-1977, Jérôme Millon, 2019.

Socrate, Academic Press Fribourg / Éditions du Cerf, 2017.

Éternité et historicité, Verdier, 2011.

L'Europe après l'Europe, Verdier, 2007.

Conférences de Louvain, Ousia, 2001.

Papiers phénoménologiques, Jérôme Millon, 1995.

Introduction à la phénoménologie de Husserl, Jérôme Millon, 1992.

L'idée de l'Europe en Bohême, Jérôme Millon, 1991.

Liberté et sacrifice, Jérôme Millon, 1990.

L'écrivain, son « objet », P.O.L, 1990 ; Presses Pocket, 1992.

L'art et le temps, P.O.L, 1990 ; Presses Pocket, 1992.

Qu'est-ce que la phénoménologie ?, Jérôme Millon, 1988, 2002.

Le monde naturel et le mouvement de l'existence humaine, Kluwer, 1988.

La crise du sens, t. 1 et 2, Ousia, 1985-1986.

Platon et l'Europe, Verdier, 1983.

Essais hérétiques sur la philosophie de l'histoire, Verdier, 1981, 1999 ; Verdier/Poche 2007.

Le monde naturel comme problème philosophique, trad. J. Daněk et H. Declève, M. Nijhoff, 1976.

INTÉRIORITÉ ET MONDE

BIBLIOTHÈQUE DES TEXTES PHILOSOPHIQUES

Fondateur Henri GOUHIER   Directeur Emmanuel CATTIN

Jan PATOČKA

———

INTÉRIORITÉ ET MONDE

Traduit du tchèque
par
Erika ABRAMS

*Ouvrage traduit avec le concours
du Centre national du livre*

PARIS
LIBRAIRIE PHILOSOPHIQUE J. VRIN
6 place de la Sorbonne, Vᵉ

———

2023

Titre original :
Nitro a svět

© *Archiv Jana Patočky*, 2014
© *Librairie Philosophique J. VRIN*, 2023
ISSN 0249-7972
ISBN 978-2-7116-3089-9
www.vrin.fr

AVERTISSEMENT

Cet ouvrage emprunte son titre au tome 8/1 (*Écrits phénoménologiques III/1*) de l'édition des *Œuvres complètes* de Jan Patočka qui paraît depuis 1996 sous l'égide des Archives Patočka de Prague. Sorti de presse en 2014, le volume tchèque réunit, sous le sous-titre générique « Textes inédits des années 1940 », les textes traduits ici (y compris les trois annexes) aux deux premiers cahiers du « journal de pensée » du philosophe (les « Études sur le concept de monde I et II », qui introduisent l'édition française des *Carnets philosophiques* parue aux éditions Vrin en 2021) et à un très long et fragmentaire manuscrit de travail (huitième et amorce de la neuvième partie d'un projet plus vaste – peut-être la suite des textes présentés ici) auquel les éditeurs ont donné le titre « Théorie phénoménologique de la subjectivité »[1]. Tous ces textes, à l'exception du

1. AJP 3000/307 ; IV/30 Str. – Il s'agit d'un manuscrit de 123 feuilles de divers formats (182 pages, numérotées pour une petite part seulement et de manière discontinue) rassemblées dans une chemise cartonnée à rabats, sans titre. L'ensemble mélange des fragments écrits, semble-t-il, à des dates différentes, des passages rédigés avec soin voisinant avec d'autres comportant de nombreuses ratures et surcharges ou, souvent, avec de simples extraits de lecture à peine commentés. Le titre proposé par les éditeurs tchèques est emprunté à la première ligne de la première page : « Les tâches que peut se proposer une théorie phénoménologique de la subjectivité se réduisent à la théorie de la constitution de la subjectivité, c'est-à-dire à la théorie de l'expérience que le sujet fait de lui-même,

dernier des trois ensembles de notes placés en annexe[1], proviennent, comme les *Carnets*, du fonds déposé par l'auteur en juin 1971, à la veille de son départ forcé de l'université, auprès des Archives littéraires du Mémorial de la littérature nationale (Památník národního písemnictví) à Prague et désigné aujourd'hui comme « papiers » ou « manuscrits de Strahov ». Le couple de mots « *nitro a svět* » ne s'y rencontre pas tel quel[2]. Il a été proposé comme titre en 2001 par Filip Karfík, dans un premier travail moins d'inventaire descriptif que de découverte du fonds[3]. Karfík alors ne réserve, dans le champ thématique défini par ces

depuis les strates les plus élémentaires jusqu'à l'insertion de la subjectivité achevée, concrète et réelle, dans le tout du monde et à la compréhension des efforts théorétiques pour expliquer cette insertion... » La IXe partie (p. 177-181 du ms., p. 289-291 du volume imprimé) devait ensuite s'adresser à « la tâche de la métaphysique spéciale », soit « déterminer la place qu'occupent les différentes régions de l'étant par rapport à son plan le plus fondamental d'intériorité (*niternost*) sensée » en traitant « 1) des problèmes de l'étant objectif; 2) des problèmes des "idéalités"; 3) des problèmes de la subjectivité finie sous toutes ses formes ».

1. Difficilement datables, incluses dans le volume tchèque, bien que le terme « *nitro* » n'y apparaisse pas, en raison de leur proximité thématique avec certains passages des autres textes, ces notes relèvent peut-être de la préhistoire du projet.

2. Ou plutôt on n'en trouve qu'une seule occurrence, anecdotique, à la p. 195 du volume tchèque (p. 36 du ms. 3000/307), où le corps est présenté comme « le lien *allécheur* entre l'intériorité et le monde, pour autant que celui-ci nous est étranger. »

3. F. Karfík, « Patočkova strahovská pozůstalost a jeho odložené *opus grande* » (Les papiers de Strahov et le grand œuvre ajourné de P.), *Kritický sborník*, vol. 20 (2000-2001), p. 125-160, surtout 132-134 – travail réalisé dans le cadre d'un projet de recherche dirigé par Ludger Hagedorn à l'Institut für die Wissenschaften vom Menschen de Vienne, traduit en allemand sous une forme abrégée dans J. Patočka, *Andere Wege in die Moderne*, éd. L. Hagedorn, Würzburg, Königshausen & Neumann, 2006, p. 31-63, surtout 40-42.

deux termes, aucune place aux premiers carnets, cités en passant sous la rubrique « journal métaphysique ». Pour des raisons moins claires, il ne fait pas non plus mention du texte « Intériorité non objective et objectivée » (que les hasards de l'archivage ont séparé des autres et réuni dans un même carton avec les « Études sur le concept de monde »). Il rattache en revanche au projet encore deux manuscrits de travail, ayant plutôt un caractère de matériaux bruts : une petite liasse de vingt-sept feuilles de notes et extraits de lecture de l'ouvrage du zoologiste Richard Woltereck *Ontologie des Lebendigen* (1940)[1] et un ensemble plus hétéroclite et plus volumineux (119 feuilles, soit 180 pages), que la littérature citée permet de dater après 1943[2].

Dans une étude plus poussée, publiée quelques années plus tard[3], Karfík laissera de côté ces à-côtés pour caractériser sur la base des seuls textes qui composeront ensuite le sommaire du tome 8/1 des *Œuvres* ce qu'il regarde comme la seconde période de la philosophie et du cheminement de Patočka, « sans doute la plus importante, quoique la moins connue », faisant suite à la publication

1. AJP 3000/309 ; IV/32 Str. – Patočka rendra compte de l'ouvrage dans le mensuel *Česká mysl* (vol. 37, n° 4, septembre-octobre 1943).

2. AJP 3000/308 ; IV/31 Str. – Les extraits commentés vont de saint Anselme, Nicolas de Cuse (dans la traduction française de L. Moulinier) et une étude de H. Pouillon sur Philippe le Chancelier à H. Plessner, E. Rothacker, R. Ruyer, G. R. Heyer, F. Kaufmann ou O. Becker (« Para-Existenz »), en passant par Hegel, Schelling, H. Lipps (*Die menschliche Natur*), H. Rickert, N. Hartmann et L. Klages. On y relève, vers la fin, un sommaire très schématique, se rapportant thématiquement au ms. 3000/307, qui présente aussi des tangences avec les premiers paragraphes du cahier « Études sur le monde II ».

3. F. Karfík, « Die Odysee des endlich gewordenen Absoluten », dans *Unendlichwerden durch die Endlichkeit. Eine Lektüre der Philosophie Jan Patočkas*, Würzburg, Königshausen & Neumann, 2008, p. 36-43.

du *Monde naturel comme problème philosophique* en 1936 et s'étendant jusqu'à la fin de la guerre. Les pages publiées en 2014 sous le titre « Théorie phénoménologique de la subjectivité » sont qualifiées désormais de manuscrit de travail préparatoire aux deux premiers carnets, considérés, abstraction faite des derniers paragraphes plus rhapsodiques, comme la rédaction quasi définitive d'un ouvrage systématique[1], indépendant des textes traduits ici. De l'avis de Karfík, le fragment « Intériorité et esprit » aurait également été rédigé de manière indépendante, avant les autres, dans la foulée de la conférence « L'esprit et les deux couches fondamentales de l'intentionnalité », que Patočka a prononcée le 22 février 1935 dans le cadre du premier cycle de conférences organisé par le Cercle philosophique de Prague[2]. Conçu peut-être avant la série qui a pris, depuis sa traduction allemande partielle en 2007, le titre d'*Intériorité et monde*, sa place y est incontestable.

La traduction allemande de Sandra Lehmann[3], se présentant comme un simple échantillon fondé sur la

---

1. Si l'on entend au singulier le premier mot du titre que Patočka a donné à ces deux carnets : « *Studie* k pojmu světa ». Il appartient en effet en tchèque à un groupe de substantifs féminins dont la terminaison ne change pas au nominatif pluriel.

2. J. Patočka, « Der Geist und die zwei Grundschichten der Intentionalität », *Philosophia* (Belgrade), vol. 1 (1936), p. 67-76 (repris dans id., *Die Bewegung der menschlichen Existenz. Phänomenologische Schriften II*, éd. K. Nellen et coll., Stuttgart, Klett-Cotta, 1991, p. 33-42); trad. fr. d'E. Abrams dans *Cahiers philosophiques*, n° 50, mars 1992, p. 27-35. La conférence de 1935 devait initialement s'intituler « L'esprit et le monde », comme pour entamer la réflexion qui suivra, le texte traduit ici « Le problème de l'essence de l'esprit », comme dans un renvoi aux travaux du Cercle.

3. J. Patočka, « Das Innere und die Welt », *Studia phaenomenologica : Romanian journal for phenomenology*, vol. 7 (2007), p. 15-70, avec une

reconstitution du projet par Karfík en 2001 et l'état d'avancement du travail de transcription et d'établissement des textes effectué aux Archives de Prague, omet le texte « Intériorité non objective et objectivée » et range les autres dans un ordre différent de celui adopté ensuite par les éditeurs tchèques (et que nous respectons ici), faisant suivre l'« Introduction » d'abord de « Monde et objectivité », puis d'« Intériorité et esprit » et « Intériorité, temps, monde » (sans doute parce que ces deux derniers ont été retrouvés réunis dans une même chemise[1]).

À quatre-vingts ans, une guerre et plusieurs changements de régime de distance, on ne peut prétendre aujourd'hui faire avec rigueur le départ entre hasards d'archivage et intentions de l'auteur. L'ordre des textes adopté par les éditeurs tchèques et suivi dans toutes les traductions réalisées depuis la parution du tome 8/1 des *Œuvres*[2] s'appuie sur les textes mêmes. L'« Introduction », dont la place est indiquée par cette désignation, est suivie du texte qui paraît avoir été le premier dans l'ordre chronologique de rédaction,

introduction d'Ana Cecilia Santos. – L'ensemble est conçu comme « une invitation à poursuivre le travail philosophique sur le fragment » dans la perspective d'une future édition qui comprendrait également les 182 pages du ms. 3000/307, alors non encore transcrit.

1. Voir, en fin de volume, notre Notice descriptive des manuscrits.

2. Il y en a eu deux. La première en italien, composée des cinq textes principaux de notre volume : *L'interno e il mondo*, Milan, Mimesis, 2018, traduit (pour l'essentiel à partir de la traduction allemande) par Marco Barcaro, également auteur d'une introduction et d'une postface, avec la collaboration de Tiziana d'Amico et de Jan Frei. La seconde en espagnol, comprenant aussi la première de nos trois annexes : *Interioridad y mundo. Manuscritos fenomenológicos de la Segunda Guerra*, Buenos Aires, SB, 2020, traduit par Jorge Nicolás Lucero et Iván Ortega Rodríguez, avec une double introduction d'Agustín Serrano de Haro et de Jorge Nicolás Lucero et une notice bio-bibliographique.

« Intériorité et esprit », auquel le chapitre « Intériorité non objective et objectivée » se rattache directement par ses références à « la thèse de la non-objectivité essentielle de l'intériorité » (p. 63/38) et à « ce que nous avons exposé plus haut au sujet de l'intérêt » (p. 67/34 et suiv.). Le renvoi, dans le texte « Monde et objectivité », à la « conscience singulière d'horizon qui serait le mieux désignée, comme au chapitre précédent, comme l'horizon d'un certain plan vital » (p. 117) est sans doute purement interne, un rappel de la section III du même texte, mais celui du dernier fragment, « Intériorité, temps, monde », à « l'indifférence essentielle du subjectif et de l'objectif » dont il a été question dans « notre chapitre précédent » (p. 125) ramène bien aux premières pages de « Monde et objectivité ».

Ces cinq textes forment un ensemble cohérent à la fois par leur teneur, par l'aspect matériel des manuscrits et par la date probable de rédaction, que nous placerions, sous réserve[1], autour de 1939-1940, d'après la littérature citée et l'écho indirect qu'offre au projet une lettre du 23 février 1941 de Ludwig Landgrebe, répondant à une missive perdue de Patočka de janvier de la même année[2]. La présence d'un brouillon de lettre datée du 23 octobre 1944 au dos de la première page de l'annexe I, se rapportant au

---

1. De fait, un seul parmi les cinq (« Intériorité non objective et objectivée ») contient un repère chronologique concret : une référence à un ouvrage paru en 1939, qualifié de « récent ».

2. « Pour répondre enfin en bref à votre question – écrivait Landgrebe –, sans développer pour l'instant : je pense bien évidemment que l'"intériorité" (*das "Innere"*) aussi appartient au monde, et non seulement l'intériorité au sens abstractif d'une "subjectivité mondaine", car j'estime que le divorce prononcé par Husserl entre subjectivité mondaine et subjectivité transcendantale n'a pas la signification métaphysique que celui-ci lui prête… » Le document est cité plus amplement dans notre Avertissement à l'édition française des *Carnets philosophiques*, p. 30, note 2.

texte « Monde et objectivité », nous semble être un témoignage de la remise sur le métier du projet en 1943-1944 qui a donné aussi le manuscrit de travail publié dans le volume tchèque sous le titre « Théorie phénoménologique de la subjectivité »[1]. D'après un sommaire, fortement raturé, qui s'est conservé au verso de la dernière feuille du manuscrit, celui-ci a pu être alors conçu comme la suite directe de la réflexion sur le concept d'« intériorité » amorcée quelques années plus tôt et des textes traduits ici. L'esquisse commence en effet par un chapitre 5 dont le titre, « Temps et subjectivité », est identique au titre initial du fragment « Intériorité, temps, monde » (raturé sur la chemise improvisée qui rassemble les pages manuscrites). La suite[2] se recoupe pour une bonne part avec le contenu du manuscrit de travail tel qu'il a été publié en 2014 et que Karfík le résumait dans son étude de 2001, « avec des

---

1. Le document cite en effet un article important d'Oskar Becker publié dans les *Blätter für deutsche Philosophie* en 1943, mais aussi *L'être et le néant* de Sartre, paru à l'automne 1943, dont Patočka a transcrit, à la p. 153 de son manuscrit, quatre passages extraits du début de la première section du chapitre II de la Première partie, « Mauvaise foi et mensonge ». L'annexe II aussi, qui analyse de plus près l'une des « saisies poétiques de l'intériorité » mentionnées en passant dans le texte « Intériorité non objective et objectivée », semble datable par voisinage de 1944.

2. Soit : « 6. La préquoditienneté. Parole. Mythe. 7. La quotidienneté et les percées qui la battent en brèche. Ivresse, déclin, démonie. Allégements. Esthétique. Contemplation. 8. Le mouvement vers l'infini et la résignation infinie. Philosophie et science. Action. » Citons encore ici *in extenso* le sommaire, déjà mentionné, qui se trouve à la p. 159 du ms. 3000/308, également datable, d'après la littérature citée, de 1943-1944 : « I. Fondement. Schéma de la vie : désir qui se remplit – posit[if] – négat[if] // Désir et tendance. Désirs normaux et extraordinaires. Caractère cyclique des désirs. // Les plans vitaux et leur monde. Unité de la vie émotionnelle. // Les étapes de la vie. // La quotidienneté ou la contradiction occultée. // La préquotidienneté ou la paix au sein de l'étant. // Ébranlement de la

chapitres traitant de l'intentionnalité et de la conscience de
soi ; de la polarité de l'"essor" et de la "chute" ; du désir et
de l'instinct, de la faim et du besoin, de la misère, de la
pauvreté ; de la structure de la personne (les tonalités
affectives, la relation de l'"avoir", la quotidienneté) ; de la
préquotidienneté et de la suppression de la quotidienneté
par son approfondissement ou son ébranlement et, ici, des
paragraphes consacrés à la rêverie, à l'érotisme, à la sexualité
et à l'ivresse d'un côté, à la douleur, à la joie, à l'allégement,
au ridicule et au comique, à l'indignation, à la culpabilité,
au doute et au péché, de l'autre[1] ». Ce sont là, en grande
partie, des thèmes repris dans les premiers paragraphes
(17-24) du carnet « Études sur le concept de monde II ».
On y devine surtout, dans les parties consacrées à la
« quotidienneté », à ce qui la précède et à ce qui l'ébranle
et bat en brèche (p. 44-176 du manuscrit), une première
figure de ce qui deviendra, dans les textes des années 1960
et 1970, la théorie de la triple articulation du « mouvement
de l'existence » ou « de la vie humaine » – figure qui ne
sera pas retranscrite dans les *Carnets* et qui représente
finalement, par rapport aux fragments systématiques et à
leur réflexion sur le concept d'intériorité, moins une suite
directe (à chercher plutôt dans les § 1-16 des « Études sur
le concept de monde I ») qu'un second bras de la rivière
souterraine qui alimentera chez Patočka la réflexion de la
maturité. En tout état de cause, les dimensions et le degré
d'inachèvement du manuscrit de travail n'auraient guère

quotidienneté – le conflit ouvert ou la vie en tant que lutte avec elle-même.
// Dépassement de l'ébranlement dans le relèvement de la vie. Revirements
(conversions). Les galeries souterraines de la vie. »
    1. F. Karfík, « Patočkova strahovská pozůstalost… », p. 134 ; passage
omis dans la traduction allemande.

été compatibles avec son inclusion dans ce volume. On peut imaginer qu'il pourrait trouver place dans une éventuelle réédition augmentée des *Papiers phénoménologiques*.

En attendant, avec la publication de ces fragments que l'auteur lui-même, tout en les conservant, n'a jamais cherché à donner à lire, le lecteur dispose désormais de l'essentiel d'une réflexion dont Renaud Barbaras a souligné, dans sa préface aux *Carnets philosophiques*, la radicalité et la nouveauté absolue. Même l'édition tchèque, qui suit le concept de « *nitro* » jusqu'à son effacement progressif dans le manuscrit de travail 3000/307, ne permet pas de reconstituer avec précision l'architecture et les visées du projet, manifestement très ambitieux, ni les raisons de son abandon. On en relève encore un écho en décembre 1944, lorsque Patočka écrit à Ludwig Landgrebe, qui lui a fait part des doutes sur le recours husserlien au « concept naturel de monde » que lui inspirent « les derniers développements de la biologie quantique et de la microphysique » : « Moi aussi, j'ai à surmonter une crise philosophique et je suis loin d'en être venu à bout ; moi aussi, je n'ai d'autre choix que de chercher à résoudre ce problème dans les termes husserliens qui ne sont absolument pas faits pour ce genre de chose, mais qui sont la seule langue philosophique que je comprenne tant bien que mal. [...] Sans doute, on ne pourra jamais résoudre sans reste le problème de comprendre la nature de l'intérieur en partant du présupposé qui se trouve à la base de toute conscience normale, ainsi que des sciences de la nature, à savoir l'impossibilité de dépasser la scission sujet-objet. (Pourtant, la scission est toujours déjà dépassée dans la conscience d'horizon.) En considérant la chose ainsi, on peut arriver tout au plus à une monadologie [...], mais on ne pourra jamais expliquer ce que comporte réellement l'impression naturelle la plus simple, la teneur en vitalité, en expression, bref en intériorité (*Innerlichkeit*) qui est foncièrement et inséparablement propre à tout ce qui fait partie de la nature. Il n'y a pas de données hylétiques "mortes". La vitalité que nous trouvons déjà là n'est pas une "simple projection", bien qu'elle émane évidemment de l'intérieur, mais plutôt elle appartient à la compréhension de la nature. Pourtant, cette unité vivante originelle de la nature est inexprimable et insaisissable pour celui qui se tient en dehors d'elle. Ce que je dis là n'est pas à entendre comme de simples constructions mais comme des expressions d'expériences-limite variationnellement acquises des modes de donation de la nature. Mais ici force m'est de m'en tenir à des allusions. » Il poursuit :

> La science de la nature, qui partage le présupposé fondamental de la vision naturelle du monde, à savoir la scission fondamentale, et pourtant implique l'impulsion de pénétrer au-dedans de la nature, est elle-même l'une des attestations de la « nature » supraobjective de l'esprit ; mais elle ne pourra jamais atteindre ce but, du moins pas de manière positive ; elle n'est capable, partant de l'idée de l'absolument objectif qui lui est propre et se maintenant le plus longtemps possible à proximité de cette idée, que d'ébranler toujours à nouveau et plus à fond la nature déjà en elle-même scindée de notre « certitude sensible », pour que sur chaque palier nouvellement atteint de la « vision scientifique du monde » elle se consolide aussitôt à nouveau et que le processus se réenclenche. Quelle action positive de la science de la nature est effectivement comparable à celle qui part de son « non », par exemple dans le tournant copernicien dans la physique mécanique, dans sa dissolution, dans la relativisation du temps et de l'espace

objectif ? Il s'instaure là un étonnement de la certitude
sensible dissoute, qui est confrontée à la faculté inépuisable
de l'esprit de comprendre le « donné » en l'interprétant
et ainsi prend conscience d'une tâche qui n'est à résoudre
que dans l'idée.

D'ailleurs la tâche métaphysique qui, chez Husserl, paraît
(bien plutôt qu'elle ne l'est) résolue par sa théorie, édifiée
de manière si simple et classique, de la réflexion absolument
donatrice, cette tâche me semble encore compliquée par
le fait que le subjectif n'est jamais directement et posi-
tivement saisissable dans la réflexion. L'objectif ne peut
jamais constituer le fondement dernier de l'étant ; cette
idée est, je m'accorde avec Husserl pour le croire, absurde.
Pourtant, le subjectif, pour autant qu'il demeure dans sa
pleine subjectivité, pour autant qu'il se *comprend* lui-même
de manière *non objective* et *non réfléchie* comme subjectif,
n'« est » jamais directement saisissable dans la réflexion.
Il s'ensuit une image de la situation où l'objectif est,
certes, saisissable, mais dérivé, le subjectif originaire (car
fondement de l'objectif), mais directement insaisissable.
Je crois néanmoins qu'on peut comprendre la position de
la psychologie et sa crise perpétuelle précisément à partir
de cet état de choses, plus précisément à partir de la non-
objectivité de l'originaire et de la propension toute naturelle
à l'objectivation qui engendre les notions psychologiques
usuelles. Bref, je comprends les effectuations constitutives
non pas comme *données* dans une réflexion purement
objective, mais bien comme une *interprétation* de notre
contact avec un étant étranger, interprétation acquise par
une autocompréhension portée dans la réduction jusqu'à
la liberté totale. L'origine absolue n'est jamais à atteindre
de manière purement objective et, partant, la phénoménologie constitutive non plus ne pourra pas être une
science absolue au sens usuel d'une attitude cognitive
purement objective, de la θεωρία pure, mais plutôt elle

est – tout en fournissant la fondation de chaque science objective – une révélation de soi-même de l'absolu au sens de libre.

Je dis « de l'absolu au sens de libre » parce que je voudrais donner à entendre qu'il y a, qu'il peut y avoir encore un absolu au sens du divin : en effet, si la « constitution » de l'objectif est bien inséparablement liée à une compréhension de l'être (au sens ontologique !), cet objectif-là précisément peut se révéler au sens propre nul et l'être, qui n'est pas nul, être expérimenté uniquement dans une conversion non objective. Et, de ce point de vue de « l'absolument absolu » je reviens à votre dévoilement de soi de l'absolu et j'affirme maintenant que tout déploiement de soi de l'absolu, même le plus riche en contenu et le plus fondé en lui-même, ne concerne que le plan de ce qui est libre et signifie une lutte de la liberté en elle-même, mais ne comporte aucunement la garantie suprême. Je sais que je tiens là sans doute un langage *tout à fait* obscur ; mais la relativité qui se trouve aussi dans l'œuvre d'art la plus pure, dans la pensée scientifique la plus pénétrante, ne doit pas être négligée, et pour l'instant je ne sais pas l'exprimer autrement[1].

*

Dans les pages qui suivent, les notes de bas de page sont, sauf indication contraire, les nôtres. Elles s'inspirent pour l'essentiel de celles de l'édition tchèque. Les ratures indiquées en note sont de même, sauf exception, celles retenues par les éditeurs tchèques.

E.A.

---

1. AJP 5000/018. Voir aussi K. Novotný, *La genèse d'une hérésie. Monde, corps et histoire dans la pensée de Jan Patočka*, Paris, Vrin, 2012, p. 41-42.

INTÉRIORITÉ ET MONDE

DES DEUX MANIÈRES DE PHILOSOPHER

L'auteur d'un travail qui prétend au titre de philosophique est, bien sûr, tenu de voir clair dans ce qu'est pour lui la philosophie, ce qu'il attend de son entreprise « philosophique » pour lui-même et pour autrui, ce qu'il entend au juste régler par ce moyen. Ni le scientifique ni l'artiste ne sont requis de répondre à une question analogue ; la passion élémentaire de « connaître » ou de « créer » et le succès plus ou moins patent de leurs efforts suffisent pleinement à les installer à la place sur l'échelle du relatif qui est tout ce qu'ils ambitionnent par leur sens originel. Ni la science ni l'art ne sont des activités d'une responsabilité radicale. Quand bien même l'homme y est amplifié ou élevé au-delà de ses limites normales, il n'y est jamais embrassé du regard et pesé en totalité et à fond. Il leur suffit donc, par exemple, de renvoyer à un besoin humain fondamental, comme on dit, besoin qu'ils remplissent *idealiter*, pour que leur signification dans la vie humaine soit comprise et qu'ils soient eux-mêmes légitimés. La philosophie cependant, dont l'originalité, si elle en a une, tient précisément à cette fonction de radicalité dans l'humaine pesée de soi, ne peut s'en laisser imposer par aucune objection faisant état de prétendus besoins fondamentaux. Partant, elle ne peut pas non plus partir d'une « idée de la philosophie » toute faite, quelle qu'elle soit, puisée dans les écoles et les manuels, pas plus que des « exigences de l'époque » ou de la « société », car tout cela présupposerait que, avant même que le philosophe ne commence son travail, il y aurait là déjà une règle objective de son activité, règle indépendante de celle-ci et pourtant connue, si bien que son activité serait à vrai dire superflue. Cela vaut également contre l'objection selon laquelle l'entreprise philosophique répondrait justement au « besoin d'une pesée globale de soi », d'une « pénétration totale de soi-même », car avant que cette entreprise ne démarre, il n'y a nul *besoin* de ce genre, mais, tout au plus, une *possibilité* que le philosophe doit d'abord mettre au jour, et cela en premier lieu pour lui-même. Il n'y a donc pas de πάντες ἄνθρωποι τοῦ εἰδέναι ὀρέγονται φύσει[1] pour le soutenir et dont il puisse se réclamer, serait-ce comme du rez-de-chaussée de l'édifice qu'il entend rehausser ; aucun moyen d'échapper à l'angoisse de ne pouvoir faire fond que sur lui-même. Où l'entreprise radicale une fois engagée le mènera-t-elle ? Sera-t-il bâtisseur ou démolisseur ? Finira-t-il aux abords de la demeure du silence et de la honte, sous la malédiction d'une vie tirée hors de son anonymat fécond, dans l'étreinte d'un désespoir sans issue, dans un retournement ironique et un travesti infernal tissé par le sarcasme de l'histoire à partir de ses propres thèmes ? Le travail philosophique se déroule sur le fond sombre du tragique humain qu'il

---

1. Premiers mots du premier livre de la *Métaphysique* d'Aristote (A, 1, 980 *a* 21) : « Tous les hommes ont, par nature, le désir de connaître » (trad. Tricot).

voudrait éclaircir tout en regardant en face la possibilité inconjurable de l'intensifier encore et d'en rester tributaire jusqu'au bout. Telle est sa situation, qu'il en ait conscience ou non ; et selon qu'il veut ou non en avoir conscience, on distingue aussi deux formes typiques fondamentales du philosopher.

La première ne perd pas de vue que le philosopher est l'extrême humain où il y va de saisir le tout de la vie humaine en pleine conscience, de pénétrer consciemment dans son centre, la pensée avec ses lois et ses possibilités étant mise au service de la tâche plus profonde de cet ultime éclaircissement ; si la pensée est certes d'une haute importance en tant qu'instrument de l'éclaircissement, elle n'est en aucune façon ni autonome ni capable de porter à elle seule tout le poids de l'existence humaine ou, à plus forte raison, celui de l'être en général. Elle est un instrument : le philosophe s'en sert souverainement comme d'une lampe, pour éclairer les recoins obscurs des puits d'où nous tirons nos vouloirs essentiels, pour, avec cette intensité nouvelle, leur communiquer la puissance de la cohérence et de la résolution. L'objet de cette première manière de philosopher n'est rien d'autre que l'homme, non pas l'homme en général, mais chacun individuellement qui lutte et cherche par la pensée à pénétrer au-dedans de lui-même : c'est une philosophie personnelle, intime, subjective (ce qui n'est pas dire un « subjectivisme » ou un « scepticisme », lesquels peuvent être au contraire et, notamment aux temps modernes, sous leurs formes inavouées, sont en règle générale une philosophie qui n'a rien de subjectif, aliénée à l'égard du sujet dans sa subjectivité), une philosophie pour laquelle chaque pensée se dote de sens dans la mesure où elle sert la tâche de γνῶθι σαυτόν[1]. Le philosophe de ce type n'a pas de « conceptions », pas d'« idées », ou tout au plus *en passant*[2], comme autant de trouvailles auxquelles il se heurte, encore et encore, sur le chemin d'accès à son intériorité propre, comme autant d'instruments sans lesquels il aura beau creuser, il ne parviendra pas jusqu'au plus propre. Il n'a pas d'œuvre : ou bien il n'est pas du tout écrivain, ou bien l'écriture, le métier d'auteur est une simple réaction de la personne, et le propre, inexprimé, reste à chercher au-delà. Il ne s'exprime pas directement : ce qui se trouve entre les lignes est chez lui plus important que ce qui s'y lit. Il n'a pas de système, car il n'en a jamais fini et, sous différentes formes, sous des angles d'attaque toujours nouveaux, dit sans cesse la même chose. La disharmonie, le déséquilibre, la discorde ne sont rien d'exceptionnel dans ses propos et ses concepts, au contraire, tout cela constitue pour ainsi dire l'élément dans lequel il évolue, car la pensée d'emblée close sur soi n'est pas pour lui l'un et le tout, et la pensée est égale à ce qu'elle sait assimiler. Il ne donne pas de solutions, car le problème de la philosophie n'est pas pour lui de l'ordre d'un problème de mathématiques ; plutôt, il suggère un mystère où il n'y a pas de place pour le jeu géométrique qui arrange les prémisses de façon à aboutir aux conclusions voulues. Toujours en chemin, il s'éloigne du concept vulgaire d'être, car il tourne le dos à ce qui le suggère, à ce qui est commun à tous et « donné » à tous de l'extérieur, pour s'orienter

---

1. « Connais-toi toi-même » – inscription gravée au fronton du temple d'Apollon à Delphes. Cf. J. Patočka, *Socrate*, trad. E. Abrams, Fribourg / Paris, Academic Press Fribourg / Cerf, 2017, p. 205 et suiv.

2. Les mots et phrases en italique suivis d'un astérisque sont en français dans le texte.

vers ce qui ne se soumet pas à cette conception vulgaire, voire qui lui résiste. Aussi ne vit-il pas non plus dans le monde vulgaire et objectif; d'un esprit critique des plus mordants, il connaît ses propres *daimonia*. Il est une impulsion qui ne s'épuise pas, mais reste toujours, pour les solutions chaque fois nouvelles, une énigme toujours nouvelle.

L'autre position, à bien des égards tout le contraire, ne part pas consciemment de la propre résolution du philosophe à se pénétrer soi-même, mais plutôt saute par-dessus pour atteindre directement quelque chose dans quoi l'homme est inséré; elle s'en remet à ces puissances qu'elle comprend dans leur structure d'ensemble comme le pouvoir de la pensée face auquel, s'il est exploité à fond dans toutes ses dimensions, il ne pourra finalement subsister aucune lacune obscure dans l'univers. Si cette condition est remplie, l'énigme humaine aussi trouvera nécessairement sa solution définitive. L'univers de la nature, le système objectivement représenté du monde divin, le *logos* tout-puissant sont de tels milieux universels dans lesquels cette philosophie voit l'homme inséré. Comme toutefois elle a commencé par se distancer du centre vivant de l'homme pour le traiter comme partie intégrante de ce à quoi nous nous rapportons d'emblée comme étranger, distant, panoramique, toute l'attitude de cette philosophie est panoramique, et les justifications qui pourront encore lui être demandées, elle les emprunte au panoramique, à l'esthétique : le plaisir sans intérêt[1], qui se suffit à lui-même, la θεωρία touchant celui dont jouit Dieu (non le Dieu d'Abraham et de Jacob,

---

1. Cf. I. Kant, *Critique de la faculté de juger*, trad. A. Philonenko, Paris, Vrin, 1979, §2, p. 50-51.

mais celui des philosophes et des savants[1]). Comme cependant l'univers en tant que tout n'est pas et ne peut nous être d'emblée foncièrement clair, comme il n'est pas pour nous originellement un tout qui puisse se dominer du regard, le philosophe de ce second type doit nécessairement détenir une clef pour ouvrir l'ordre caché de l'univers ; il doit, en d'autres termes, avoir une conception et être riche en idées. L'œuvre devra être tout pour lui ; sa vie entière s'absorbe dans la création de son œuvre, dans la consommation incessante de matériaux en vue de son édification. Il sait aussi exprimer directement dans ses jugements tout ce qu'il veut communiquer. La fragmentarité, essentielle chez le premier type, est un défaut de la philosophie générale, universelle. L'idéal de celle-ci, c'est le système. En effet, si les singularités ne tiennent leur sens que du tout, son premier souci sera nécessairement de tendre vers la totalité. Sans doute, et on peut s'en étonner, la structure interne laisse presque toujours apparaître de l'incohérence et de la contradiction de fait – non pas toutefois organiquement, mais comme élément hétérogène et destructeur. La cohésion, l'unité interne est la règle méthodique fondamentale. Tout doit être élucidé, tout résolu : l'univers est une combinaison intellectuelle qu'on ne peut qu'examiner, observer, analyser, résoudre. Tout est au même niveau. D'après cela, le concept même de l'être, qui est l'air que respire cette philosophie de manière évidente, est proche du concept vulgaire, qui va de soi et n'est pas mis en question. L'univers au sein duquel elle se meut est, malgré son décor haut en couleur, un univers sobrement concret.

---

1. Cf. *a contrario* le *Mémorial* (1654) de Pascal.

Entre ces deux manières de philosopher, l'opposition est si radicale qu'il semble impossible de les subsumer sous un même concept chapeau, et il arrive ainsi, par exemple, comme la manière esquissée en second lieu est la seule tangible pour le point de vue objectif, que la définition de la philosophie soit puisée exclusivement à cette source et qu'on perde tout à fait de vue sa possibilité subjective, tellement essentielle. Socrate devient alors l'inventeur de la définition[1], Pascal n'est pas du tout philosophe, mais géomètre et apologète glossateur, Lessing est traité de spinoziste dilettante, Kierkegaard de remâcheur d'incompréhensibles traumas subjectifs. Socrate excepté, ces penseurs ne prennent guère de place dans les manuels ; c'est là leur revanche. Et pourtant l'opposition ne peut être absolue s'il est vrai que les deux façons de philosopher veulent au bout du compte réaliser le même radicalisme de l'autocompréhension humaine à partir des fondements ultimes ; mais la première cherche ces fondements ailleurs et autrement que la seconde, qui projette toutes les possibilités humaines au plan objectif de la pensée et voit l'univers, jusque sous ses figures les plus « subjectives » (ainsi, même l'univers de la logique, de la pensée absolue, de la construction des catégories), comme un fondement au regard duquel tout l'humain est estampillé comme dérivé. En outre, la tâche d'autocompréhension est ici surpassée et autant dire suspendue par une construction plus fondamentale, englobant l'univers entier ; ainsi diverses tâches générales, questions de l'être et du monde en général, de la construction du cosmos et de sa connaissance, de la saisie de sa possibilité, se portent au premier plan l'une

---

1. Cf. Aristote, *Métaphysique*, M, 4, 1078 *b* 28.

après l'autre, éblouissant par leur signification et envoûtant par leur profondeur, mais sans aucunement répondre à la question de savoir comment au juste j'y arrive. Ainsi la philosophie s'intellectualise et devient prétendument une affaire « purement théorétique ». La « théorie pure » a toutefois mauvaise conscience – et c'est cela justement qu'est la philosophie du premier type.

Serait-ce à dire que la philosophie du second type n'est rien de sérieux, une entreprise vouée à l'échec, qu'il faudrait abandonner au plus vite, telle l'épave qui sombre, si l'on veut avoir bonne conscience ? Ce type n'a-t-il pas lui aussi une raison d'être, ne se résumant pas à un simple parasitisme intellectualiste ? Considérons seulement que renoncer en bloc aux tâches que trace la philosophie objective, c'est renoncer au cosmos, au monde, à l'univers. Quand Socrate, selon le mot connu, fit descendre la philosophie du ciel sur la terre[1], la signification concrète de son geste était ce renoncement, la concentration sur la question du bien et le soin de l'âme. – Mais déjà notre caractérisation des *deux* manières de philosopher impliquait que le concept de cosmos n'est inessentiel pour *aucune* des deux. Socrate aussi voulait le monde, un monde bien sûr où règne le sens ; seulement il ne voulait pas concentrer sa pensée sur le monde et s'y noyer. C'est en effet comme une malédiction spécifique de la pensée que, dès lors qu'elle s'installe dans l'objectif, elle s'y soumet en tout comme à la loi de sa patrie nouvelle et ne trouve plus le chemin de retour vers

---

1. Cf. Cicéron, *Tusculanes*, V, 4, 10 ; trad. J. Humbert, Paris, Les Belles Lettres, 1968, t. 2, p. 111 : « Socrate le premier invita la philosophie à descendre du ciel, l'installa dans les villes, l'introduisit jusque dans les foyers, et lui imposa l'étude de la vie, des mœurs, des choses bonnes et mauvaises. »

la source vive dont évidemment elle émane. Là, c'est la philosophie objective qui vient à son tour troubler la conscience de l'attitude personnaliste. Car que le cosmos soit aussi un intérêt *humainement* important (et non pas seulement celui de la divinité), cela se voit au fait qu'à chaque instant nous nous rapportons et devons nous rapporter au monde naturel, non par une simple curiosité déplacée, mais par notre nature essentielle d'êtres « du monde ». Si donc la philosophie postsocratique, par exemple, répondit à l'appel personnel de Socrate par une spéculation ontologico-cosmologique constructive, son motif n'était pas en lui-même inauthentique, mais seulement éminemment dangereux. C'était un chemin qui conduisait toujours de plus en plus loin du subjectif au sens esquissé ci-dessus, avec une perspective de plus en plus désespérée de retour. Même le « subjectivisme » moderne, qui renoue en droite ligne avec la métaphysique antique de l'objet, n'est rien d'autre qu'un nouveau travesti de la tâche tracée déjà clairement par l'ontologie antique, à savoir l'objectivation du sujet au sens indiqué.

La philosophie plus récente s'essaie de nouveau depuis un certain temps au problème de la subjectivité du sujet, tâche accessible uniquement à la première conception du philosopher, et elle pousse ses efforts à l'extrême, jusqu'à fracturer totalement notre monde, nos manières de voir, notre être. Entre le subjectif et l'objectif il n'y a pas de commune mesure, nulle part de possibilité de jeter un pont. Les « ponts jetés », compris comme compromis entre ce qui est essentiellement inconciliable, sont bien sûr une mystification. Mais on peut se demander si l'entreprise qui est l'œuvre propre de la philosophie antique ne pourra pas être renouvelée sur un fondement nouveau, en plaçant

le subjectif au fondement de l'objectif, dès lors qu'a échoué
la tentative de l'ancienne métaphysique pour comprendre
le sujet objectivement. Cela ressemble au thème de l'idéalisme constructif ; pourtant il ne s'agit de rien moins, pour
autant que l'idéalisme signifie un rationalisme et un concept
abstrait, objectivé du sujet.

INTÉRIORITÉ ET ESPRIT

I

Pour l'humanité européenne, l'aspiration au plus haut dont sa vie participe et auquel elle peut avoir part dans tout drame personnel se concentre dans le concept d'esprit. Mais l'aspiration à ce summum essentiel a produit tant de formes différentes, une si grande variété de solutions d'ouverture de soi-même, que cette unité fondamentale, dispersée ensuite dans le multiple, entraîne nécessairement un questionnement cherchant à pénétrer tout le processus d'une lumière une et unique. L'unité fondamentale est-elle purement formelle, la simple unité de notre regard unifiant, rétrospectif, autoréflexif, ou bien découle-t-elle d'une trame, d'une contexture unitaire dans le vivre même, non encore réfléchi ?[1] On ne peut guère présupposer le simple arbitraire d'un raccourci spéculaire là où il y va de choses essentielles. Mais on ne peut pas non plus se borner à

---

1. L'édition tchèque signale ici, dans le manuscrit, cinq lignes sans point final, biffées en bloc de deux traits obliques : *En tout cas la vie spirituelle est de ces choses qu'on ne peut vouloir et briguer expressément que dès lors que leur sens, initialement absent, a commencé en quelque façon à se faire jour pour nous. Et ce n'est que de ce même point de vue du but en passe d'être atteint que ce qui se passe dans la vie spirituelle peut être jugé...*

répertorier les significations du mot « esprit » pour tenter d'en abstraire le commun. Certes, on ne saurait ignorer la conscience linguistique dans laquelle seule les choses de notre vie possèdent une permanence et une saisissabilité acquises ; pourtant, si nous la considérons du seul point de vue des significations mêmes, nous verrons un simple jeu de métaphores déployées, de cercles qui vont s'élargissant ou se rapetissant, de connexions banales ou surprenantes, mais aucune unité profonde ne se présentera d'elle-même à nous ; si d'aventure il s'en trouve une, elle sera indigente et terne en comparaison des significations singulières, brillantes, hautes en couleur, exclusives, avec l'aura et le prestige qu'elles tiennent de la personne et du moment, significations dans lesquelles nous percevons le sens primitif de l'esprit bien plus pleinement que dans les résidus de l'abstraction. Il est certain que l'étymologie aussi d'expressions comme le tchèque *duch* (en rapport avec le verbe *douti* [souffler], le vent, le souffle [*dech*]), l'allemand *Geist* (lié à une idée d'effervescence, de jaillissement pétillant, à des termes désignant un coup de vent, la fermentation, etc.) dit quelque chose du regard à travers lequel les créateurs de ces traductions cherchèrent à s'approprier la tradition chrétienne et antique. Elle n'était pourtant accessible qu'à ceux qui, au-delà de la simple signification, en avaient la compréhension, c'est-à-dire non seulement des concepts réunis de manière à constituer par leur ensemble une manière unitaire d'appréhender les choses, mais encore une approche originelle, découlant de leur propre vie spirituelle. Peut-être l'histoire des mots nous fera-t-elle visiter ainsi différents cycles d'idées, nous pilotera-t-elle entre les distinctions de l'esprit divin, surhumain, naturel et humain, nous montrera-t-elle la genèse de nouveaux usages, les rapports à d'autres mots et à d'autres significations – l'âme, le corps, la matière, le moi et l'égoïté, la conscience – mais quant à ce qu'est l'esprit, ce ne sera pas à chercher dans tout cela, où il n'y aura à trouver que les manières dont l'esprit a été conçu et dont, à tel ou tel moment, il a été tiré parti de ces conceptions.

Comment procéder donc, si nous voulons déterminer la nature de l'esprit ? Là où se pose la question de la nature, du caractère constitutif de l'être, nous avons d'ordinaire en vue une unité complexe, intriquée, dont l'explication, qui est aussi un éclaircissement, représente alors une tâche relativement facile. L'unité est là, quoique inarticulée encore ; et quand bien même nous ferions preuve de partialité et commettrions donc des erreurs en la développant, il suffira de faire plus attention, d'affiner notre regard, pour corriger ce qui doit l'être. Le présupposé ici est un objet dont l'intuition claire et indubitable donne au mot son sens vrai et originel. Y a-t-il un tel objet aussi dans la sphère de l'« esprit » ? Puis-je m'en convaincre par un simple regard objectif ? Ici aussi, assurément, il n'y a qu'un seul chemin à suivre, un seul moyen de faire la lumière là-dessus, et c'est de remonter de la signification à ce qu'elle désigne, du concept à ce qui est conçu. En ce sens, l'histoire des significations est pour nous un auxiliaire précieux ; elle est objective, réifiée, sédimentée – c'est un fait, renvoyant à quelque chose de plus fondamental qui le précède. Mais renvoie-t-elle à un objet capable de s'exposer à notre regard ? De prime abord cela ne semble pas poser problème. Ne connaissons-nous donc pas des objets de la perception interne, toute la diversité des types de « vécus », tels que notre psychologie les analyse et en dresse le catalogue ? De fait, les tentatives pour saisir psychologiquement ce que nous nommons l'essence de l'esprit ne sont pas rares. Particulièrement connue est celle qui se laisse guider par le sens tout à fait moderne que le terme a pris récemment et qui, comprenant l'esprit comme synonyme de l'intellect, l'oppose à la vie (tandis que, originellement et jusque-là, il désignait plutôt la source de vie) et le définit alors comme une force spécifique, agissant contre d'autres forces de notre intériorité. Ou encore l'esprit est cette vie intérieure même, telle qu'elle apparaît à notre regard interne dans son principe *sui generis* ou sous son concept global.

Que nous objectivons ainsi la vie intérieure, cela est certain et indispensable. Nous devons pouvoir nous comprendre aussi nous-mêmes en tant que choses. Comme nous vivons au milieu des choses qui sont là, présentes (alors même qu'elles sont loin de notre position contingente dans l'espace et le temps), la vie que nous menons en leur milieu est elle aussi en quelque sorte homogène à elles et se place au même plan. Mais quels sont les aspects de la vie que nous saisissons ainsi ? Plus précisément : quels sont-ils en comparaison de la vie même, non objectivée et pourtant qui s'expérimente en quelque sorte elle-même ? La vie non objectivée, c'est, pour parler *grosso modo*, la vie en tension. Elle est sérieuse en ce sens que, pour notre part, nous la prenons et ne pouvons pas ne pas la prendre au sérieux. Nous la mettons en balance implicitement, sans réfléchir, avant toute considération de finalité. En elle il y va de quelque chose, et cet y-aller-de est tendu, il est la source d'un intérêt involontaire et insurmontable ; intéressés (*zaujati*), nous sommes captivés (*zajati*), pris dans cette tension vitale. Quels sont en revanche les vécus au regard de l'œil intérieur ? Morts et indifférents, tous tant qu'ils sont, alors même que ce sont des vécus de tension, des passions, des émotions, des transports. L'intérêt que nous leur portons est, comme on dit, purement théorique ; entendez : nous regardons ces vécus comme s'ils ne nous appartenaient pas, et dès lors ils ne nous appartiennent effectivement pas, ils deviennent étrangers et indifférents. Ainsi nous manquons, sans le savoir et en apparence rien que d'un cheveu, cela même qui constitue notre intérêt propre à la vie ; et qui osera affirmer que ce qui est ainsi escamoté soit inessentiel ? Justement l'essentiel est resté dans le crible. Or, nous avons commencé par dire que l'esprit est chose qui implique une aspiration et une tension suprêmes ; sans nul doute, nous sommes donc passés à côté aussi de l'essence de l'esprit.

Pourtant, si en nous heurtant à la démarcation interne désignée par le mot « intérêt », nous avons trouvé quelque chose qui ne se laisse pas objectiver par une autoréflexion spéculaire et qui fait à la fois essentiellement partie de notre vie intérieure, ne suffira-t-il pas d'admettre un certain complément, en sus du processus d'objectivation ordinaire, pour nous trouver avoir réuni tout l'essentiel et pouvoir alors trancher toutes les questions telles que l'essence de l'esprit ? Cela semble bien, de prime abord, la seule option possible, mais nous devons prendre garde que pareille clarté apparente ne nous dérobe le rayon de jour naissant à peine entr'aperçu. Nous devons nous demander si nous sommes en droit de mettre au même plan, de comparer et de combiner ce qui est objectif de nature, par son être même, ce qu'il est au principe possible de comprendre dans sa nature en nous le re-présentant au sens le plus large du terme, en le posant là-devant nous[1], et ce que la simple

---

1. Le tchèque *před-stavování* est calqué sur l'allemand *Vor-stellung*, évoquant l'acte de poser (*stellen, stavět*) devant (*vor, před*) soi.

re-présentation ne fait, au contraire, que méconnaître et occulter. Est-ce possible que ce soient bien deux faces d'une même chose ? Les deux ne sont-elles pas, au contraire, dans une relation d'exclusion formelle ? Ne s'agit-il pas là d'un schisme tellement fondamental dans l'être que toute double appartenance ne pourra être qu'apparente ? Si tel est le cas – et en admettant toujours, comme déjà dit, que la compréhension de nous-mêmes en tant que choses est nécessaire – il s'ensuit que l'un des modes de notre saisie de nous-mêmes est de ce fait rabaissé à une simple apparence, à une autocompréhension apparente (fût-elle nécessaire), et comme l'être d'une chose détermine ce qui lui est propre et qui la définit, non dans ses traits les plus généraux, mais dans son caractère *spécifique*, nous devrons reconnaître comme contraire de l'apparence la figure de nous-mêmes liée aux phénomènes de sérieux, de tension et d'intérêt que nous avons mis en évidence, et dont le concept n'est donc pas une re-présentation, une objectivation *directe*.

Mais, objectera-t-on, quelle différence foncière y a-t-il entre objectivation directe et indirecte ? Les termes mêmes d'intérêt, de tension, de sérieux ne sont-ils pas empruntés à l'expérience intérieure et, partant, à une trame objectivante ? En quoi seraient-ils « indirects » et en cela à privilégier sur des termes tels que perception, mémoire, attention ? Pourquoi seraient-ils particulièrement « vivants », au contraire des autres, « morts » et « figés » ? On peut montrer précisément dans le cas des termes cités qu'il s'agit essentiellement de concepts de deux espèces différentes : les uns de nature négative, qui montrent l'inadéquation de l'intention d'objectivité, les autres des concepts dans lesquels l'intériorité est moins aperçue que, bien plutôt, *atteinte*, frappée d'un coup qui la met en demeure et somme d'élucider son propre sens. Le contenu de ces concepts-là, ce n'est pas l'aspect sous lequel la vie intérieure se présente, mais plutôt la manière dont elle explicite son propre sens à travers le sens du monde dans lequel elle se trouve. Il s'agit dans un cas de négations, dans l'autre de concepts d'un sens, d'une signification que la vie projette pour ainsi dire à partir d'elle-même et qui lui servent à s'éclairer dans la lutte qu'elle mène.

Le concept d'intérêt, par exemple, est au fond un tel concept négatif. Tous, nous connaissons les intérêts de la vie courante, ces intérêts pour la plupart « superficiels », comme on dit, les « marottes », les modes, les *engouements**, les intérêts de classe ou de catégorie sociale, tel celui de la noblesse pour les chiens et les chevaux ou du bourgeois contemporain pour le sport, mais aussi les « intérêts plus profonds » pour lesquels un professeur loue ses élèves, le « manque d'intérêt » qu'il leur reproche. Ne voulant ni louer ni blâmer, nous disons : « Voilà qui est intéressant ! », formule dans laquelle le sens de l'intérêt est asséché, réduit à néant. En tchèque, le sens originel de l'intérêt (*zájem*) se retrouve dans l'image de « capture », de « captivité » (*zajetí*) contenue dans le mot ; c'est un manque de distance, le contenu de la vie propre étant investi dans un domaine déterminé, comme si l'on s'identifiait à une chose ou à un domaine de choses dans lequel seul on se sent vivre pour de bon, domaine où le cœur bat plus fort et se sent plus libre. Bien que la sincérité de l'intérêt présuppose qu'il s'éveille spontanément, sans qu'on en ait conscience, c'est néanmoins, au bout du compte, mon intériorité seule qui en est l'origine ; la passivité de l'intérêt est ainsi une passivité émanant de nous-mêmes. C'est en nous-mêmes qu'est la source de la capture qu'il exerce individuellement sur nous. Cela renvoie à une attache, à un lien ultime, qui ne nous enchaîne pas seulement à ceci ou cela de manière passagère et contingente, mais qui lie toujours déjà, chaque fois que nous nous attachons à quelque chose de passager et de contingent. Comme il s'agit d'un lien intérieur et permanent, préalable et inébranlable, il est facile de montrer à quoi il nous lie – à nous-mêmes. Avant tout intérêt singulier et en lui, en tant que son présupposé, notre propre vie nous lie d'une manière vis-à-vis de laquelle nous ne sommes pas libres, dont nous ne pouvons nous délivrer. Même le suicide a sa source dans notre intérêt à nous-mêmes – comme tout acte. L'intérêt au sens originel n'est donc rien d'autre qu'une expression de l'impossibilité de la distance à soi-même qui est le présupposé de toute objectivité, une expression, partant, de la non-objectivité originelle de l'intériorité. La même image, la même signification se trouve dans les mots *inter-est*, *inter-esse* et dans leurs dérivés : partout il s'agit d'un manque de distance.

Or, le détournement du mode objectif que nous avons fait ressortir au fond de l'intérêt va plus loin encore et s'aiguise si nous réfléchissons à l'*inquiétude* spécifique qui s'y dessine. Ce qui est objectif est, d'une manière singulière, au repos, alors même qu'il se meut ou évolue. En principe, un instant devrait toujours être possible, un instant qu'il serait toujours possible de trouver, où chaque « état » singulier de l'objet serait donné en entier. Dès lors qu'un tel instant est donné, est donné aussi tout ce qu'il faut pour constater l'être objectif : il est simplement là, à chaque instant achevé et complet. Les tensions et les forces aussi sont de telles objectivités stables et finalement constatables, comme le montre enfin aussi la manière dont

elles sont élaborées, codifiées, apaisées par les sciences
de la nature. L'inquiétude de l'intérêt intérieur, considérée
dans sa racine, est la négation de tout repos objectif. Ce
n'est pas une tension au sein de laquelle la différence de
deux niveaux énergétiques s'« équilibrerait », une « force »
qui chercherait à un potentiel défini et chiffrable la décharge
chiffrable correspondante. Ce n'est pas l'inquiétude d'un
passage, une inquiétude par rapport à quelque chose
d'extérieur, au contraire, l'inquiétude est interne, dans et
à partir de soi-même. Elle est un devenir, non parce qu'elle
remplit une série temporelle d'une série continue d'états,
mais comme « en devenir » en et par elle-même. (Peut-être
est-ce précisément cela que Platon, sans l'exprimer
directement, avait en vue en définissant l'âme comme τὸ
αὐτὸ ἑαυτὸ κινοῦν[1].) Comme le « se-mouvoir » se déroule
ici intégralement au-dedans, chaque moment de la vie est
un « mouvement » (ce qui, bien sûr, ne saurait pour autant
être identifié à un « acte » ou accomplissement du moi –
s'agissant du plus fondamental en quoi le moi lui-même
consiste). Cette inquiétude en soi – ce « non » dans chaque
moment de vie – est donc par elle-même quelque chose
de tout à fait intérieur, mais elle est en même temps la
condition de possibilité du rapport à quelque chose
d'extérieur ; en elle-même sans aucune distance, elle est
la condition de possibilité de toute distance. C'est seulement
là où il y a quelque chose de non étant en soi-même comme
présence au repos que peut naître un *rapport* effectif, non
pas au sens extérieur, un rapport comme détermination qui
vient s'ajouter aux choses, mais un rapport qui relève de
l'essence, un rapport non pas comme attribut, mais en tant

---

1. « ce qui se meut soi-même » – cf. Platon, *Phèdre*, 245 *e* 7-8.

que la « substance » même, si nous pouvons nous exprimer ainsi – comme on définit souvent la nature de la « conscience ». – Ainsi notre vie propre est, non pas sans doute un simple « processus », mais un devenir au sens *d'une action et d'un accomplissement* – elle est un δρᾶμα au sens le plus originel : un événement qui sourd de l'intérieur, de l'in-quiétude, du non intérieur, qui tire sa source de la « misère » intime. L'intérêt et la trame d'action, l'intérêt et le drame sont donc, en dernière instance, en quelque sorte une seule et même chose – de là aussi, au bout du compte, l'intérêt éminemment fondamental que les hommes portent à l'action, narrée, mise en scène ou vécue dans son déroulement, autant d'occasions pour nous de comprendre notre drame intérieur sur un exemple objectif comme un tout unitaire de sens.

L'intérêt et le mouvement intérieur sont donc, au fond, des déterminations négatives. Leur négativité est toutefois, en elle-même, double. Tantôt, nous disons par cette négativité que l'intériorité ne peut être directement intuitionnée et ainsi objectivée, nous refusons pour elle l'objectivation. Comme cependant la négativité n'est pas une simple occultation à *nos* yeux, comme elle détermine plutôt l'intériorité *dans son essence*, elle signifie autre chose encore, ce qui ménage la transition vers son autre sens. Cette autre négativité, c'est la présence d'un négatif au fondement de l'intériorité même, un non-être-en-soi, une non-consistance en soi, bien que l'intériorité soit évidemment, en même temps, elle-même et en elle-même. C'est comme un jaillissement hors de soi qui serait tout ensemble enchaînement à soi : mouvement et intérêt, avec la *tension* qui y prend sa source. Ce qui ne consiste pas en soi dévie en quelque sorte hors de soi-même tout en étant ramené à soi par un lien puissant. Nous ne pouvons jamais nous *avoir*, nous connaître, par exemple, nous-mêmes, et si l'on peut en général « avoir » et « connaître » quoi que ce soit, c'est uniquement parce que, dans toute possession et toute connaissance, l'intérêt essentiel est celui que l'on porte à soi-même, à ce qu'il est impossible tant d'avoir que de connaître. Notre tension est un acheminement vers soi, mais un chemin sur lequel il ne nous est jamais possible, expressément et objectivement, de nous rejoindre. Et un chemin qui, s'il doit en être un, nous mènera toujours dans un premier temps, nécessairement, loin de nous-mêmes.

D'autres concepts visant à « saisir » l'intériorité ne sont pas davantage de pures formes de connaissance ou formes cognitives, mais, tous tant qu'ils sont, des repères qui orientent sur ce chemin. Eux non plus n'énoncent pas directement ce qu'est le chemin en soi, mais plutôt guident et avertissent celui qui y chemine. Du reste, il ne faudrait pas concevoir ce « chemin » comme une réalité spatiale, ayant un commencement, un déroulement et un terme. C'est un chemin qui à tout moment, à chaque instant véritable, est à son commencement et à son terme. À chaque instant on s'y remet en route.

Si le concept d'esprit doit avoir effectivement la signification pleine indiquée dans les premières lignes de ce texte, s'il doit s'agir en vérité du summum de ce que l'homme est par essence, la détermination de l'essence de l'esprit devra être significative pour ce chemin perpétuellement à son commencement et à son terme. Si nous voulons en poser le problème dans sa pleine radicalité, nous devrons exposer d'abord, le plus précisément possible, la variété des significations de l'esprit dans notre histoire spirituelle européenne pour interroger alors le sens de cette diversité par rapport au chemin unique et décisif de l'intériorité propre. Peut-être verrons-nous apparaître ainsi une unité d'abord seulement pressentie derrière la façade unitaire du mot ; peut-être la non-unité que révèle sa polysémie est-elle plus profonde que l'unité même. Mais, quoi qu'il en soit, il nous semble qu'il n'y a pas d'autre chemin pour résoudre la question de l'esprit ; en effet, nous devrions, sinon, ou bien procéder de façon purement empirique, par abstraction à partir des cas singuliers, sans aboutir à une compréhension, ou bien poser simplement une définition en nous laissant guider par un fil conducteur non élucidé. Dans un cas comme dans l'autre, nous ne pénétrerions pas jusqu'à l'intériorité même.

II

La pensée grecque a deux termes pour le concept d'« esprit » : νοῦς et πνεῦμα. L'évolution du concept du νοῦς a été retracée par Julius Stenzel[1] dans ses trois principales étapes, chez Parménide, dans la sophistique et chez Socrate et Platon. On pourrait dire en résumé que le νοῦς signifie dans l'usage grec la capacité de vérité objective. Νοῦς νοεῖ – le νοῦς flaire, il goûte ; Aristote dira plus tard « il touche »[2]. Si son pouvoir de dévoiler la vérité

---

1. J. Stenzel, « Zur Entwicklung des Geistbegriffs in der griechischen Philosophie », *Die Antike. Zeitschrift für Kunst und Kultur des klassischen Altertums*, vol. 1 (1925), p. 244-272. *(Note de l'Auteur.)*
2. Aristote, *Métaphysique*, Λ, 7, 1072 *b* 21. (Tricot traduit : « entre en contact ».) – On pourrait ici signaler en passant que c'est sur un rappel de la « signification plus profonde » de la suite du même passage (δεκτικὸν τοῦ νοητοῦ καὶ τῆς οὐσίας νοῦς) que Patočka avait clos sa conférence « L'esprit et les deux couches fondamentales de l'intentionnalité » (publiée au tout début de 1937 dans le volume 1 de la revue *Philosophia*), dans

est réel, voire compris comme illimité, il appartient originellement au tout du monde plutôt qu'à l'homme individuel. S'il est infiniment faible, comme chez les sophistes, il appartient à l'individu. S'il est enfin, comme chez Socrate, la confiance de l'intérieur dans l'extérieur, il devient au bout du compte (comme chez Platon) la cadence des deux ailes que sont le λόγος et l'ἔρος, s'élevant de la partie vers le tout, du privé vers l'absolu[1].

Le νοῦς n'a en lui, primitivement, rien de religieux – il est une faculté humaine originelle, indépendante des êtres supérieurs et de leur intervention. Stenzel souligne à juste titre que l'introduction du concept de νοῦς n'a rien de commun avec un besoin ou des doctrines du salut. Et pourtant le développement de ce concept rend finalement nécessaire le recours à des concepts religieux, c'est-à-dire, au sens grec, mythiques : si le fond de l'exposé du *Phédon* est socratique, la recherche de la vérité objective et le souci de l'âme face à la mort sont en quelque façon indissolublement liés[2]. Et l'ἔρος, bien sûr, est déjà un concept carrément mythologique, de même que l'ἀνάμνησις, notion mythologique fondamentale, comme il sera montré plus tard.

Le νοῦς, s'étant rendu maître, selon sa nature essentielle, de la vie de l'homme, y réalise une transformation profonde, principielle. Cette mutation est ce qui donne naissance au βίος θεωρητικός. Le νοῦς en est le principe. Ce n'est pas la vie de nos soucis individuels, mais une vie qui séjourne

laquelle Filip Karfík voit le point de départ du projet *Intériorité et monde* ; voir ci-dessus, « Avertissement ».

1. Cf. Platon, *Phèdre*, 246 *a-c*, 251 *c*.
2. Cf. Platon, *Phédon*, 107 *c*-115 *a*. La suite du paragraphe revient aux mythes du *Phèdre* (246-256), suivant la section finale de l'étude de Stenzel (p. 269-272).

uniquement auprès du tout omni-englobant. Aussi est-elle, de tous les modes de vie propres à l'homme, celui qui s'approche le plus de la vie divine. Pourtant, elle n'est rien d'autre que le développement d'une faculté foncièrement humaine, la compréhension véritable de l'essence de l'homme. Une extrapolation limite conduit alors aussi au concept de « pur esprit », νοῦ ἐνέργεια[1], identifié à la divinité, θεῖον. Le θεῖον est également principe cosmologique universel. L'universalité, l'aspatialité, l'objectivité, la cosmicité, voilà les marques de cette forme de l'esprit grec.

Le πνεῦμα en revanche a d'emblée le cachet de quelque chose de mystérieux, d'une matière miraculeuse ; il en est ainsi, déjà, dans les mythologèmes orphiques, à partir desquels il se dégrade ensuite en simple principe moteur[2] ou *arkhê* « physique » ; il ne perd cependant jamais tout à fait son aura magico-merveilleuse ni sa connexion avec les vécus orgiastiques et extatiques, alors même qu'il endosse le rôle de l'« intermédiaire » par excellence, intermédiaire ontologique ou physiologique, si bien qu'aux yeux de l'hellénisme, exalté par les mystères, il prend facilement la première place, occupée jusque-là par le νοῦς, se confond parfois avec celui-ci, comme avec le *logos*, et devient porteur de toute vie « supérieure », laquelle se dote de ce fait d'une nuance de signification nouvelle : nuance de quelque chose non seulement d'humain, accessible dans une froide distanciation, mais plutôt

---

1. Cf. Aristote, *Métaphysique*, Λ, 7, 1072 *b* 27-28.
2. Patočka a ici commencé à écrire « immat[ériel] ». Les premières lettres du mot ont été aussitôt biffées et remplacées par « subtilement matériel ». Enfin, l'adjectif a été derechef raturé en laissant – par mégarde, croyons-nous – subsister l'adverbe, qui fait donc lire dans l'édition tchèque : « en principe subtilement moteur ».

d'« instillé », produit par une puissance supérieure, en vertu de quoi la vie accède alors seulement à un plan plus élevé, voisin du divin, par la puissance et la force de la divinité elle-même.

Comme si se répétait, dans le couple que forment le Νοῦς et le Πνεῦμα, la dualité des principes de la vie grecque si souvent paraphrasés d'après Nietzsche[1], principes de la vision objective et de l'enthousiasme supraobjectif; dans les deux cas, malgré toutes les différences psychologiques, il y a néanmoins quelque chose de commun qui est saisi, et c'est la transformation principielle de la vie que signifie la domination du « spirituel » en son sein. Rien ne découle plus clairement de la personne et de l'action de Socrate, si ce n'est que la vie *entière* doit être renouvelée, et la figure du sage-philosophe antique n'est rien d'autre qu'une preuve documentaire de cette autotransformation principielle. D'un autre côté, Philon, comprenant la fécondation pneumatique de la pensée à la manière du changement fondamental de l'être entier qu'amène la conception physique[2], n'entend pas autre chose qu'une « nouvelle

1. Cf. Fr. Nietzsche, *Die Geburt der Tragödie aus dem Geist der Musik*, 1872; trad. fr. de M. Haar, Ph. Lacoue-Labarthe et J.-L. Nancy d'après l'édition établie par G. Colli et M. Montinari : *La naissance de la tragédie*, Paris, Gallimard, 1977.

2. Cf. Philon d'Alexandrie, *De vita contemplativa*, § 68 ; trad. P. Miquel, Paris, Cerf, 1963, p. 127-129 : « Des femmes aussi participent au repas ; la plupart sont des vierges âgées, qui n'ont pas observé par contrainte la chasteté, comme un certain nombre de prêtresses grecques, mais par une libre résolution, par un désir passionné de la sagesse : cherchant à en pénétrer leur vie, elles ont renoncé aux plaisirs du corps, elles ont conçu non le désir d'une progéniture mortelle, mais le désir d'une progéniture immortelle, que seule peut engendrer l'âme aimée de Dieu, la semence paternelle étant un rayonnement intelligible, qui la rend capable de contempler les maximes de la sagesse. »

naissance », une régénération, le commencement d'une vie nouvelle. Platon montre, par le déroulement dramatique de son dialogue[1], que la vie de l'esprit est une trame d'action dans laquelle l'essentiel non seulement se manifeste, mais se décide. Or, le thaumaturge pneumatique, le mystique, l'extatique lui aussi escompte, de façon analogue, des événements décisifs. Mais l'esprit antique vit, pour cette raison même, dans une contradiction fondamentale entre le contenu et la forme ; le contenu est supratemporel, la forme essentiellement temporelle.

Le *rouakh* hébraïque, de l'avis de beaucoup, n'est pas loin, tant par sa signification originelle que par son évolution sémantique, du sens primitif du πνεῦμα grec. (Bultmann affirme, bien sûr, que c'est Dieu qui, dans cette conception, est donateur immédiat de la vie, à la différence de la conception grecque, qui réserve ce rôle au cosmos[2].) C'est la même action d'un invisible mais puissant, soudain présent et qui intervient mystérieusement, le même truchement. Mais c'est seulement dans le Nouveau Testament, sans doute sous l'influence non négligeable de la mystique hellénistique vulgarisée, à laquelle se sont mêlés

1. Le *Phèdre* (évoqué par Stenzel en conclusion de son étude pour « prêter un peu de la couleur de Platon » à l'image qu'il y trace du concept platonicien d'esprit) ou le *Phédon* ? Les éditeurs tchèques penchent pour celui-ci.
2. Cf. R. Bultmann, « Das Verständnis von Welt und Mensch im Neuen Testament und im Griechentum », *Theologische Blätter*, vol. 19 (1940), p. 1-14 ; recueilli dans id., *Glauben und Verstehen*, II, Tübingen, Mohr, 1952, p. 59-78 ; trad. fr. d'A. Malet : « La conception de l'homme et du monde dans le Nouveau Testament et dans l'hellénisme », dans *Foi et compréhension*, t. 1 : *L'historicité de l'homme et de la révélation*, Paris, Seuil, 1970, p. 438-458. Cf. aussi id., *Theologie des Neuen Testaments*, Tübingen, Mohr (Siebeck), 1948, § 14, p. 151-162.

aussi certains motifs folklorico-magiques locaux, sémitiques, que l'épanchement de l'Esprit et le fait d'y participer deviennent le symbole de la transformation intime, fondamentale, sans précédent, qu'apporte avec elle la foi du chrétien, et cela plus particulièrement dans l'amplification extatique où se découvre le monde nouveau de la communauté des saints, des dons de prophétie et des miracles, de la glossolalie, etc. C'est là aussi, pour la première fois, qu'il est donné à entendre qu'il ne s'agit pas tant d'une substance, d'une fonction ou en général d'un moment de la construction du réel que, bien plutôt, d'un « état » dans lequel se produit un événement décisif, lorsque Paul s'écrie dans I Thess. v, 19 « n'éteignez pas l'esprit » et que Hébr. IV, 12 présente la « division de l'âme et de l'esprit » dans le contexte de l'efficace du langage divin, de la parole de Dieu, la foi en laquelle nous fait « entrer dans le repos[1] » du sabbat éternel de Dieu. Mais en même temps on voit là avec quelle facilité, quel naturel s'insinue la conception ontologique et, avec elle, la conception psychologique de l'esprit, à quel point il nous est difficile de nous en passer : dans la théologie de la troisième personne divine, dans la tripartition esprit – âme – chair (I Thess. v, 23), dans l'analogie esprit : âme = moelle : os[2], etc. L'esprit qui est, d'une part, l'efficace divine transcendante, d'autre part, le tournant subjectif « causé » par cette action, ou plutôt qui « nous ouvre » pour elle, peut facilement être identifié au *Pneuma* hypostatique qui est d'essence en soi, mais également se communique (et, ce faisant, « éclipse » le cas échéant nos

1. Hébr. IV, 3 et suiv.
2. Hébr. IV, 12.

facultés naturelles de théorie intuitive, c'est-à-dire le νοῦς).
Cette dualité d'une conception qui est, d'une part,
ontologique, d'autre part, d'origine vitale, est l'élément
de toute la théologie chrétienne, comme de la philosophie
qui lui prête son concours ; en ontologisant, elles donnent
(là où elles ne se soumettent pas directement au courant
de pensée de l'objectivité classique) aux termes
aristotéliciens, stoïciens, néoplatoniciens un sens qu'il ne
serait jamais possible d'en tirer en les prenant tels quels.
Le néoplatonicien aussi peut dire, par exemple, que le
noyau ultime de ce qui est est au-dessus de l'être même,
au-dessus de l'esprit et de l'âme et d'un rang supérieur,
mais ce disant il n'a à l'idée qu'un contact mystique avec
ce qui est exempt de toute déterminité et, partant, de
finitude, contact où la sortie de la dichotomie sujet/objet
se fait par effacement total du sujet – tandis que pour
Augustin, par exemple, malgré la terminologie classique,
il s'agit d'une dimension nouvelle de la vie, du drame du
sens de la vie, d'obtenir la filiation divine et le pardon des
péchés, dimension que jamais, au moyen d'aucune théorie,
on ne pourra approcher cognitivement de façon adéquate.
En disant de Dieu : *nec ipse animus es, quia Dominus
Deus animi tu es*[1], Augustin ne pense donc aucunement
au ἕν de Plotin, mais il refuse en même temps la suggestion
selon laquelle *Spiritus = animus*[2].

---

1. Saint Augustin, *Les confessions*, X, xxv, 36, trad. L. Moreau : « vous
n'êtes ni […] ni l'esprit lui-même, mais le Seigneur, Dieu de l'esprit ».
    2. La vingtième feuille se termine par un blanc de cinq lignes environ.
Peut-être Patočka comptait-il traiter encore plus en détail de l'« esprit »
dans l'hellénisme et la littérature patristique, comme le suggère la référence
à la σοφία qui prélude un peu plus loin à une seconde solution de continuité
dans le texte.

*

L'objectivisme de l'esprit, renouant avec la tradition antique, celle du νοῦς classique et du λόγος σπερματικός stoïcien qui, l'un et l'autre, ne sont possibles que sur la base de l'attitude théorétique et en tant que son extrapolation et objectivation, reparaît d'abord dans des doctrines cosmologiques et physiologiques, tempéré par la tradition magico-extatique et, partant, cosmico-mystique du πνεῦμα igné, doctrines de l'esprit de la nature, des sphères, de la terre, des éléments, des esprits animaux, de l'imagination et de ses pouvoirs, mais il n'atteindra l'acmé de son développement que lorsqu'il s'agira d'annexer l'ultime domaine de l'expansion scientifico-théorétique moderne, à savoir les disciplines historiques, philologiques et sociales. La transition est ici ménagée par certains usages qui présentent le mot « esprit » dans l'acception de « sens global, immatériel, général » d'une œuvre, d'un discours, d'une effectuation, d'une activité. L'opposition entre sens et expression est plus profondément conçue dans la parole de saint Paul sur l'esprit (πνεῦμα) qui vivifie et la lettre qui tue[1], mais elle a certainement exercé en se galvaudant une influence sur cette sphère de signification. Dans cette même ligne on parle à partir du XVIIIe siècle de l'esprit de la poésie (Herder, *Vom Geist der ebräischen Poesie*[2]) ou de celui de tel ou tel poème, compris comme microcosme ;

1. II Cor. III, 6.
2. J.G. Herder, *Vom Geist der ebräischen Poesie. Eine Anleitung für die Liebhaber derselben, und der ältesten Geschichte des menschlichen Geistes*, Dessau, Buchhandlung der Gelehrten, 1782-1783 ; trad. fr. d'A. de Carlowitz : *Histoire de la poésie des Hébreux*, Paris, Didier, 1844.

Voltaire traite de l'esprit d'une époque[1], Montesquieu de
l'esprit des lois, Garve et Herder de l'esprit de la langue
(nous aussi comprenons par là les principes les plus généraux
qui régissent la langue, par exemple la formation des mots),
Schiller de l'esprit de la science, de l'art, etc. Cet « esprit »-là
est certes général, mais abstrait ; en revanche, l'esprit de
famille, de clan, l'esprit d'une collectivité tend vers la
concrétude, et l'esprit de la nation, du temps, de l'humanité,
de l'État, de l'Église sont compris par Herder, Hegel et
Schleiermacher comme des concrets dont les phénomènes
particuliers, subordonnés à leur généralité, découlent par
un processus interne. Dieu lui-même est un esprit universel
en ce sens, apparenté à l'antique νοῦς θιγγάνων καὶ νοῶν,
dont l'ἐνέργεια est vie, ζωή[2]. Cet esprit n'est rien de
foncièrement subjectif, la subjectivité en lui est plutôt
identique à l'imperfection, à l'inaccomplissement de sa
spiritualité : la spiritualité est ici la compréhensibilité, la
compréhension actuelle, l'objectivité. L'effort de saisie
devra persévérer tant qu'il reste quelque chose d'obscur
en dehors du compris, jusqu'à ce que la compréhension,
dans son concept suprême, transforme tout, y compris
elle-même, en son propre contenu objectif. – De concert
avec cela, le motif humaniste se porte de plus en plus au
premier plan : l'esprit est le concept dans lequel se réalise

1. Patočka pense manifestement au *Siècle de Louis XIV* (1751), dont
l'auteur se propose de « peindre à la postérité, non les actions d'un seul
homme, Louis XIV, mais l'esprit des hommes dans le siècle le plus éclairé
qui fut jamais ». Cf. aussi *Essai sur les mœurs et l'esprit des nations*,
chap. LXXX : « Mon but est toujours d'observer l'esprit du temps ; c'est
lui qui dirige les grands événements du monde. »

2. ... « esprit, entrant en contact et pensant », dont l'« acte » est
« vie » – Aristote, *Métaphysique*, Λ, 7, 1072 *b* 20-27 ; trad. J. Tricot.
Cf. ci-dessus, p. 42, note 2.

(selon la conviction des auteurs de cette vision) l'autonomie
à laquelle l'homme aspire ; ici le principe est autonome et
absolu à la fois ; l'immanence de l'esprit garantit chez
l'homme la faculté de se gouverner soi-même. Et on greffe,
sur le concept d'un tel esprit autonome, bien des choses
encore dont le sens ne relève pas originellement de l'attitude
théorétique : Schiller et Fichte cataloguent ici l'aspiration
éthique de l'homme à laquelle ils donnent désormais le
sens de la principale tâche partielle dans le système de
l'esprit qui est, selon le mot de Fichte, une « force dans
laquelle un œil est imbriqué[1] » ; tout le classicisme allemand,
avec Winckelmann, Goethe et Schiller en tête, met ensuite
ici l'art et la vie esthétique en général, comprise dans sa
signification universelle de libre fin en soi. Jamais encore
on n'avait revendiqué ainsi, pour l'attitude esthétique et
la création artistique, une consécration absolue, consécration
par l'absolu et de l'absolu. La définition de l'art par
Schelling comme organe de l'absolu demeurera la
formulation suprême de l'esthétisme aussi durant tout le
siècle suivant ; même Schopenhauer et Nietzsche resteront
ici en arrière. Certes, Schelling ne développe pas pour sa
part un « système de l'esprit », mais ses acquis sont intégrés
par Hegel, dans une adaptation conforme aux buts qui sont
les siens, à son système spirituel. L'esthétisme moderne,
qui, préparé par l'hédonisme et le psychologisme esthétique
du XVIIIe siècle, trouve le sens dernier de la vie humaine
dans la jouissance du beau, se dote d'un pathos singulier,

---

1. « *Kraft, der ein Auge eingesetzt ist, ist der eigentliche Charakter
des Ich, der Freiheit, der Geistigkeit* » – J.G. Fichte, « Das System der
Sittenlehre. Vorgetragen von Ostern bis Michaelis 1812 », dans I.H. Fichte
(éd.), *J.G. Fichtes nachgelassene Werke*, vol. 3, Bonn, Adolph Marcus,
1835, p. 17.

impérieux ; l'art, de manière plus plausible encore que la science, s'imposant par son caractère d'extraordinaire, par la posture de surplomb qu'implique l'attitude esthétique, par son extrarationalité, prend la place jusque-là occupée exclusivement par la religion. Si Nietzsche dit que le monde n'est justifié qu'en tant que phénomène esthétique[1], si Flaubert pousse le culte esthétique de la forme jusqu'à la dépersonnalisation[2], ce ne sont que les dernières conséquences de la forme nouvelle donnée au vieil idéal contemplatif, la vision artistico-esthétique avec *son* type d'intuitivité prenant la place du νοῦς antique et de la σοφία hellénistico-patristique[3].

La signification du terme « esprit » reçoit une autre forme encore, plus particulièrement aux temps modernes, bien qu'il ne s'agisse pas de quelque chose de *spécifiquement*

1. Fr. Nietzsche, *La naissance de la tragédie*, § 5, éd. cit., p. 61 : « ... ce n'est qu'en tant que *phénomène esthétique* que l'existence et le monde, éternellement, *se justifient*. »

2. Cf., par exemple, lettre du 18 mars 1857 à Mlle Leroyer de Chantepie (dans G. Flaubert, *Correspondance 1857-1864*, éd. M. Nadeau, Lausanne, Rencontre, 1965, p. 55) : « *Madame Bovary* n'a rien de vrai. C'est une histoire *totalement inventée* ; je n'y ai mis ni de mes sentiments ni de mon existence. L'illusion (s'il y en a une) vient au contraire de l'*impersonnalité* de l'œuvre. C'est un de mes principes, qu'il ne faut pas *s'écrire*. L'artiste doit être dans son œuvre comme Dieu dans la création, invisible et tout-puissant ; qu'on le sente partout, mais qu'on ne le voie pas. Et puis, l'Art doit s'élever au-dessus des affections personnelles et des susceptibilités nerveuses ! Il est temps de lui donner, par une méthode impitoyable, la précision des sciences physiques ! La difficulté capitale, pour moi, n'en reste pas moins le style, la forme, le Beau indéfinissable *résultant de la conception même* et qui est la splendeur du Vrai comme disait Platon. »

3. La vingt-quatrième feuille du manuscrit est restée blanche à l'exception des quatre dernières lignes de ce paragraphe.

moderne et que cette signification nouvelle n'exclue naturellement pas l'entrée en jeu des autres sens du mot là où le contexte s'y prête. Tandis que dans le cas du νοῦς, du πνεῦμα et de leurs dérivés l'on avait affaire à quelque chose dont l'essence, le « *quale* » est supra-individuel (quelque chose qui, tout en présupposant un essor personnel, est, par son caractère d'ensemble, impersonnel ou suprapersonnel : pure θεωρία, réceptivité au *pneuma*, ouverture pour l'efficace de la grâce divine), il y va ici d'un esprit indissolublement lié à l'indivisibilité de la personne, d'une attitude purement individuelle, qui ne peut s'intégrer qu'accessoirement dans une unité supérieure. C'est ici que se place l'esprit personnel : l'« esprit » de Voltaire, de Chamfort, de Montesquieu, l'*esprit** français en général, qui est, d'une part, un trait d'ingéniosité tributaire des circonstances, d'autre part, une attitude personnelle à l'égard de la réalité, essentiellement insé-parable d'une personne déterminée et intransmissiblement diverse dans ses réalisateurs ; l'esprit d'ironie, l'esprit de contradiction ne désignent pas seulement une ironie singulière ou un acte singulier de négation, mais une optique ironique ou négative dans l'ensemble de la vie, quelle que soit la question à laquelle l'on s'adresse. Sans doute, l'« esprit » est ici conçu comme une réalité psychologique et conserve par conséquent des traces de l'ancien νοῦς métaphysique ou de son héritage, assumé à travers le mot *spiritus* et ses dépendances ; le mot « génie » aussi a apporté ici son obole sémantique ; au fond cependant, l'on entend quelque chose de vitalement différent, qui n'utilise ces cadres sémantiques que comme autant de lignes de rappel. L'Antiquité ne connaissait pas de terme « esprit » en ce sens ; les mots latins tels qu'*ingenium*, etc. ne se rapportent qu'au talent et à d'autres moments psychologiques (donc dérivés). Pourtant, l'Antiquité connaissait certainement la *chose* : après tout, elle connaissait Socrate et Platon, l'ironie socratique et la platonicienne, si profondément différentes l'une de l'autre. Mais Hegel, dans la *Phénoménologie de l'esprit*, sera le premier à analyser expressément l'esprit comme attitude envers le monde, rapport explicite à l'univers, fût-ce en dernière instance du point de vue de sa métaphysique, pour laquelle l'Esprit en général, le Νοῦς impersonnel, absorbe tout le relatif et, par là, à ses yeux, tout l'individuel. Ce n'est qu'à une époque plus récente, à mesure que se dévoile de plus en plus clairement le rapport de la liberté et de l'individualité, que se pose, de façon toujours plus urgente, la tâche de l'élaboration philosophique de l'esprit en tant que concentration individuelle.

Chez Hegel, les attitudes fondamentales envers le monde ne sont rien d'autre que des étapes du chemin par lequel la substance vient à elle-même, des moments de la vie intérieure de l'absolu ; le véritable élément de cette vie, c'est, nous l'avons déjà dit, le concept qui comprend, la θεωρία absolue ; c'est à elle seule qu'il est donné de saisir le sens de tout ce qui se déroule dans la vie humaine, et il arrive ainsi que même ce qui paraît d'abord être un moment non intellectuel, quelque chose de foncièrement distinct de l'*intelligere*, soit réintégré à la vie du *logos* qui se déploie par son mouvement propre, intérieurement nécessaire. Seule la θεωρία est donc absolue, elle est l'absolu même et la liberté même, autoproduction absolue ; toutes les autres attitudes y sont englobées et supprimées, relativisées. La « liberté » est la détermination moderne la plus significative de cette figure de l'esprit ; bien sûr, c'est une détermination originellement négative, elle n'est dotée d'un contenu positif que par la prise de position qui fait accéder à la liberté absolue, c'est-à-dire à l'indépendance à l'égard du monde objectif et, par conséquent, à la relativité de celui-ci. L'on a souligné (voir H. Barth, « Das Problem des Geistes im deutschen Idealismus » [1]) que Kant ne prend pas part directement à cette évolution du concept d'esprit ; en revanche, Schiller et Fichte profitent de sa conquête du règne intelligible de la liberté pour réclamer celle-ci, non pour la volonté humaine, ce qui s'accorderait avec la tradition chrétienne et la psychologie traditionnelle de l'« esprit » personnel, individuel (dérivé en dernière analyse, comme nous l'avons vu, du νοῦς antique), mais pour le principe intérieur et cosmique nommé « esprit ». L'esprit est donc libre désormais, non comme un quelque chose dans le monde, mais absolument, en tant que principe du monde, ce qui porte le monde, avant tout le monde objectif. Chez Schiller et Fichte ce n'est pas la θεωρία qui est ce principe de liberté absolue, mais bien la πρᾶξις au sens inconditionné ; l'ultime antinomie au sein de l'étant, celle qui oppose le moi au non-moi, ne disparaît pas pour le regard du spectateur, mais plutôt face au dévouement inconditionnellement actif de l'être propre, croyant au monde absolu du bien, à la communauté des « esprits ». Pourtant, la liberté ainsi acquise, ce n'est pas la liberté au nom de l'être propre, la liberté au nom de la liberté, mais au contraire, au nom de la loi ; l'être propre ne prend la parole que pour autant qu'il réalise l'universel, il ne se

---

1. H. Barth, « Die Geistfrage im deutschen Idealismus », dans K. Barth et H. Barth, *Zur Lehre vom heiligen Geist*, Munich, Chr. Kaiser, 1930, p. 1-38.

trouve lui-même que dans l'impersonnalité du devoir accompli. Étant la seule possibilité absolue, sans qu'on puisse comprendre comment je viens à cette possibilité ou elle à moi, elle est à isoler totalement de la vie personnelle en tant qu'empirique. Chez Hegel, la connexion de tout sens, la téléologie ultime de la vie et du monde est claire. En revanche, les possibilités de la liberté sont réduites en définitive à une seule, de nature théorétique, le regard de l'antique Νοῦς θιγγάνων καὶ νοῶν, pour lequel ταὐτὸν νοῦς καὶ νοητόν[1]. Le personnel est relativisé, le suprapersonnel triomphe derechef. La religion de l'Esprit en ce sens n'est pas religion d'un Esprit personnel, mais plutôt de l'Esprit, substance unitaire de toutes les personnes finies.

Kierkegaard, en définissant le concept d'esprit dans *Le concept de l'angoisse*[2], part des catégories connues de l'idéalisme allemand; l'esprit est pour lui la synthèse du corps et de l'âme (comme dans la psychologie de Hegel, l'âme, premier échelon de l'«esprit subjectif», provient de la nature charnelle, matérielle, et sert de présupposé à la *conscience*), il est essentiellement liberté. Mais ces appellations ont ici un sens différent, foncièrement modifié. Ce ne sont pas des notions originellement théologiques auxquelles on imprime une orientation philosophique, mais des concepts élaborés de manière philosophique, puis affûtés pour servir un but religieux et théologique. La

---

1. ... « il y a identité entre l'intelligence et l'intelligible » – Aristote, *Métaphysique*, Λ, 7, 1072 *b* 21.

2. S. Kierkegaard, *Begrebet Angest* (1844), dans *Søren Kierkegaards Skrifter*, éd. N.J. Cappelørn et coll., Copenhague, Gads Forlag, 1997, t. 4, p. 307-346; trad. fr. de K. Ferlov et J.J. Gateau : *Le concept de l'angoisse*, Paris, Gallimard, 1935, surtout chap. III.

synthèse humaine de corps et d'âme n'est pas une
« juxtaposition » de deux substances dans l'espace
métaphysique à la manière de Descartes ; c'est un rapport
interne, qui doit se manifester comme accomplissement
propre ; dans sa concrétion humaine, il est expliqué comme
rapport du temporel et de l'éternel. Le temporel est
succession infinie, l'éternel présent absolu ; là où l'un et
l'autre entrent en contact, l'on a l'instant qui seul engendre
les dimensions du temps, la temporalité. Cette temporalité,
synthèse du temporel et de l'éternel, est l'essence de l'humain
en tant que liberté et limitation à la fois – synthèse qui peut
également être explicitée comme peccabilité et spiritualité.
L'esprit n'est donc jamais donné, mais chaque fois à
accomplir, et cela de différentes manières : comme simple
possibilité de la liberté – ou bien comme plénitude du
temps, comme réalité effective de la liberté, comme instant
véritable. L'esprit en tant que simple possibilité, indice de
la synthèse, est angoisse ; l'angoisse, c'est la synthèse
simplement indiquée, inaccomplie, menacée, rendue
impossible, tandis que l'esprit, c'est la liberté, la synthèse
effectivement réalisée et répétée, renouvelée. Comme
cependant seul le christianisme connaît l'instant dans son
sens plein, l'instant qui n'est pas directement aspiré dans
l'éternité, mais qui a le sens d'une décision, un sens décisif,
il s'ensuit que seul le christianisme connaît le concept
propre d'esprit, tandis que jusque-là, avant le christianisme,
il n'y a que des *possibilités* d'esprit, des prémonitions, des
indices, qui ne contiennent pas la compréhension de soi.
La réalité de l'esprit au sens plein est donc la foi.

    L'esprit dans cette conception n'est pas une *chose*,
mais un acte ; non pas un acte au sens de la simple
réalisation de quelque chose de décidé et valable d'avance,

mais bien l'acte par lequel le sens qui décide se constitue lui-même. Il n'est une substance en aucun sens de ce terme, pour autant que toute substance est un corrélat de l'attitude théorétique, purement constatante et intuitionnante. C'est en ce sens que le concept de l'esprit et de ses formes est compris chez Karl Jaspers, s'il s'agit du sens dernier et non de la simple expression verbale ; en effet, le problème que Jaspers entend résoudre par son concept de l'esprit et des types spirituels est psychologique et, partant, scientifico-théorétique ; les types spirituels sont pour lui quelque chose d'intuitif et donc d'objectif, mais à la racine des types spirituels il y a la décision face à certaines limites ultimes de la vie, indistinctes et réduites au silence dans le cours ordinaire de l'existence, la décision qui seule donne à l'« esprit » sa forme, son type, qui introduit dans la compréhension de sa figure. Ainsi, dans la *Psychologie des visions du monde*[1] l'esprit est la puissance et force ultime de l'intériorité (*nitrnost*) qui décide si l'homme cherche son enracinement vital dans un refuge relatif et fini, qui n'est donc qu'un palliatif, ou plutôt dans l'infini de l'idée, ou encore s'il se jette finalement dans les bras du néant. La *Philosophie*[2] développe alors le concept d'esprit plus concrètement par rapport à celui d'existence, repris à Kierkegaard et librement transformé. L'esprit est ici déterminé, d'une part, par rapport au psychique, d'autre part, par rapport à l'existence. Le psychique est la sphère du simple vécu,

1. K. Jaspers, *Psychologie der Weltanschauungen*, Berlin, Springer, 1919.

2. K. Jaspers, *Philosophie*, I-III, Berlin, Springer, 1932 ; trad. fr. de J. Hersch : *Philosophie : orientation dans le monde, éclairement de l'existence, métaphysique*, Paris/Berlin, Springer, 1986.

l'esprit la sphère de la liberté, s'exprimant de manière objective et se tenant sous l'infinie unité de l'idée. Ainsi l'esprit en tant que raison et volonté est simplement indiqué, il ne tient sa concrétion que de l'idée. Il est toujours rapporté à la collectivité et à l'histoire et il jette, par-dessus la sombre tension de l'existence, sphère propre de la liberté humaine, le pont d'une objectivité nouvelle : il est la manifesteté, la manifestation de l'existence réalisée. Jaspers rattache alors à cette définition toute une philosophie de l'esprit qui met en évidence la problématicité et la complexité interne, inépuisée, des problèmes de son articulation et de sa saisie – complexité et non-clôture qui, loin d'être contingentes, sont liées au fait que l'esprit est porté par l'existence, qui bat en brèche chaque totalité possible.

III

Comment les exposés de notre deuxième chapitre se rapportent-ils à ce que nous avons dit au premier du caractère non objectif et dynamique de l'intériorité ?

L'objet du deuxième chapitre – soulignons-le une fois de plus – n'était pas de définir l'esprit, mais uniquement de passer en revue les sens dans lesquels la tradition philosophique utilise ce concept. Cela dit, notre tour d'horizon a aussi une signification fondamentale pour la conception esquissée de l'intériorité. Que l'esprit relève de l'intériorité, cela ne fait aucun doute. Il atteste cependant qu'il y a, dans le tout de cette intériorité, une ligne de fracture profonde, qui n'est pas de prime abord évidente. C'est autour de cette démarcation que s'organise, tel un tissu largement ramifié, l'univers de ce qu'on nomme esprit. L'intériorité dans son essence doit être autre chose que ce pour quoi elle se prend directement ; quelque chose originellement de tellement loin qu'elle peut apparaître comme une substance nouvelle, étrangère, qui entre comme par effraction dans notre vie psychique. L'intériorité dans son cheminement doit accomplir des mouvements qui l'éloignent de son trajet originel ; son chemin est long, et nous ne sommes encore en mesure d'en déterminer ni le déroulement ni le but. La puissance de l'immédiat se brise au cours de ce cheminement ; mais nous ne voyons encore ni ce qu'est cet immédiat dans sa nature, ni par quels moyens ni pourquoi il est battu en brèche, ni quelle est la suite de son destin, s'il n'est pas frappé et condamné en totalité.

D'un autre côté, l'écho infini de l'esprit est pour nous une preuve de la thèse qui tient l'autocompréhension, la saisie de soi immédiate de l'intériorité pour impossible. L'intériorité ne peut entrer en possession d'elle-même que par un mouvement infini d'éloignement de sa propre immédiateté. Certes, on peut se demander si et pourquoi il faut entrer en possession de soi-même, si le sens de la vie n'implique pas de se noyer dans l'immédiat. Mais l'intériorité est conscience, et elle est fidèle à sa nature propre en se voulant conscience d'elle-même ; vouloir être ce que nous sommes implique cette revendication à laquelle rien n'oblige en dehors de nous-mêmes, aucune loi extérieure, aucune exigence d'une « partie » de nous à l'égard des autres, aucune nature intelligible vis-à-vis de l'empirique, mais simplement la volonté d'*être*, non pas au sens d'*in suo esse perseverare*[1], mais *in suum esse penetrare*.

---

1. Cf. Spinoza, *Éthique*, III, prop. 6 : « Chaque chose, autant qu'il est en elle, s'efforce de *persévérer dans son être* » (trad. Ch. Appuhn ; nous soulignons).

La tâche pour cette conscience supérieure de soi est d'acquérir une conscience de soi-même qui ne mortifie pas, mais, au contraire, qui rende l'être entier vivant, sensible ; qui ne fige donc pas en de simples concepts, analysant et constatant comme en présence d'une simple chose, mais qui éveille des horizons intérieurs et incite à des mouvements intérieurs ; une conscience qui soit tout ensemble action inconditionnée. Or, cela ne peut se faire que si la conscience de soi est conscience de l'intériorité qui se saisit d'une tâche qui à aucun instant n'est derrière et au-dessous d'elle. Découvrir l'infini sans se perdre soi-même de vue. Le chemin de l'esprit, savoir qui n'est pas mort, mais source de vie éternelle, conduit à la fois dans l'infini et au-dedans de soi-même.

INTÉRIORITÉ NON OBJECTIVE
ET OBJECTIVÉE

I

Ne nous sommes-nous pas heurté déjà, dans notre formulation du problème de l'intériorité humaine, à une barrière insurmontable ? La thèse de la non-objectivité essentielle de l'intériorité signifierait-elle que l'analyse réflexive, la méthode introspective, la méthodologie hypothétique objective sont tout à fait en dehors de notre angle de vue et que le regard radical que nous nous efforçons de mettre en œuvre ne saurait en rien se permettre d'en tenir compte ? Une telle conception conduirait alors nécessairement à une artificialité excessive, et toute la manière de poser la question risquerait de manquer de naturel. Quel est le rapport de notre tentative de radicalisation aux manières de saisir l'intériorité que nous présentent la psychologie, la phénoménologie, la philosophie trans-cendantale, les théories existentielles ?

Dans un certain sens, il serait sans nul doute naïf et stérile de nier la possibilité d'une saisie de l'intériorité par des méthodes psychologiques. Nous devons cependant nous rendre compte des limites principielles des méthodes psychologiques en général. Le premier présupposé de la psychologie, c'est que son objet est une chose parmi les choses ; une chose, certes, d'une espèce un peu particulière, non étendue ou autrement étendue que les choses matérielles, dotée de la faculté singulière de refléter d'autres choses d'une manière aussi diverse que complexe, mais une chose qui partage en dernière instance le trait fondamental de se tenir face à l'observateur comme quelque chose d'étranger qui ne s'adresse qu'à ses facultés d'observation. Le psychologue n'est aucunement engagé par son objet. Le fait d'étudier la psychologie « ne le rend ni pire ni meilleur ». Il a sa vie propre, distincte de son objet. Plus la distance qui le sépare de celui-ci est grande et mieux cela vaut, car plus est grande l'« objectivité » du psychologue. D'autre part, l'objet lui-même n'est aucunement affecté par l'émergence d'une conscience d'objet. Ce sont là les deux faces corrélatives de l'objectivité psychologique.

Il y a toutefois une autre artificialité encore de la démarche psychologique, découlant de ses exigences méthodologiques. L'objet initial du regard intérieur est une complexité et une indistinction sans borne, et cela bien que tout ce qui peut être distingué possède une forme structurée. Ce qu'on peut constater ici, si on n'est pas déjà pris dans les rets de présupposés et de modèles méthodo-logiques, c'est, non pas une objectivité précise, mais une indifférenciation du sujet et de l'objet. Cette constatation elle-même a un caractère négatif. Le vécu central sur lequel je réfléchis n'est aucunement indépendant de l'intérêt qui me pousse justement à entreprendre cette réflexion ; et l'intérêt quant à lui procède de la toile de fond non réfléchie sur laquelle je réfléchis et demeure indissolublement uni à elle. Il est difficile de trouver même une expression verbale pour les relations sises ici, car l'inadéquation de l'expression y est essentielle et chaque saisie verbale apporte déjà un schéma relationnel objectif qui s'applique à ce qui est vu en le formant et en le stylisant. Pourtant, si on devait en rester à ce commencement indéterminé, la psychologie n'aurait jamais pu faire un pas de l'avant. La plongée dans ce chaos mélodique, dans cette profondeur, « dont tu ne trouverais les limites le long d'aucun chemin[1] », n'est pas forcément un vertige vide et superflu ; elle ne l'est pour personne qui s'y plonge en tout sérieux, loin de là, elle peut devenir – et c'est dans cette perspective que se place la tentative que nous entreprenons ici – la source d'une immense vivification universelle. Pour autant, cela n'empêche pas de reconnaître qu'aucune *science* au sens propre du terme ne pourra naître de cette manière, aucun système objectif de connaissances, aucun ensemble de connaissances sur l'objectif. On devra pour cela réaliser toute une série d'opérations méthodiques, lesquelles peuvent être réparties en deux grands groupes, l'un négatif, l'autre positif.

Le groupe négatif concerne principalement les démarches relevant de l'analyse réflexive, le groupe positif des procédés aussi bien analytiques qu'objectivement hypothétiques. La négativité du premier groupe tient au fond à ce qu'il abolit l'unité vivante qui, de manière implicite, lie ensemble les éléments isolables des déroulements vitaux, donc avant tout la connexion entre observant et observé, entre le sujet et l'objet de l'analyse réflexive. Rompre ce lien, c'est faire comme si ce qui est ici observé l'était de même que ce qu'observe le sens externe ; partant, comme si les deux ne se motivaient pas,

---

1. Cf. Héraclite, B 45 : « Limites de l'âme, tu ne saurais les trouver en poursuivant ton chemin / si longue que soit toute la route / tant est profond le Logos qu'elle renferme » (trad. J.-P. Dumont).

ne se touchaient pas l'un l'autre. Pourquoi et comment la réflexion émerge-t-elle dans la vie préthéorétique ? Dans le ciel serein de notre paysage intérieur, où nous vivons librement, de manière évidente et non réfléchie, c'est un nuage qui apparaît et qui s'épaissit, éclipsant peu à peu la lumière de la tonalité affective initiale. Tout à coup la clarté ne suffit pas à l'œuvre engagée. Je ne peux pas continuer ; force m'est de me retourner et de faire face à l'obstacle imprévu, je dois l'intégrer, l'appréhender dans ses causes, c'est-à-dire me faire un jugement sur ce qui en moi a été déçu et par quoi, sur ce que voulait donc, ce que veut cette chose, et pourquoi. Je me sens changé et je m'en étonne ; ce n'est pas un regard désintéressé, mais plutôt, souvent, anxieux et défiant. Que l'on pense à l'amant chez qui vient de naître, malgré lui et encore comme voilé de brume, un premier doute, l'amant qui a l'impression de voir pour la première fois l'objet de son amour sous un jour nouveau ; quelle quête désespérée d'équilibre et d'appui intérieur devient alors sa réflexion, lorsqu'il comprend que la cause est en lui et qu'il se rend à l'évidence de ce qui l'attend ! Car c'est lui-même, lui qui réfléchit, qui perd ce qui était jusque-là le trésor de sa vie, et cela non pas simplement parce que quelque chose d'étranger en lui aurait fait un mouvement imprévu, qui ne le toucherait pas en tant qu'observateur ; c'est lui-même qui est infidèle, et c'est en vain qu'il prétexterait « quelque chose au-dedans » qui a lâché et déçu son attente – quoique le nouvel appel émane bien sûr de quelque part dans ces régions obscures de son être propre qui, pour la tranquillité banale de la tache de fade clarté qui est l'image ordinaire de la conscience, sont autant dire inexistantes. – On pourrait objecter que cet exemple précisément montre la nécessité d'une attitude purement objective, seule à même de supporter la réalité sans tomber sous la coupe des illusions forgées par les besoins et les freins propres à une telle prise de position. Et il est certain que nous sommes réellement capables d'adopter une « attitude objective » à l'égard de ce qui en nous est mort pour nous, à l'égard de ce que nous avons « surmonté », dont nous avons « fait notre deuil » – mais dès l'instant où nous voudrions généraliser une telle attitude à l'ensemble de notre vie, nous ne pourrions pas ne pas y voir un contresens : en effet, il n'y aurait alors en nous plus rien de vivant, rien pour quoi nous serions capables de nous prendre d'un intérêt passionné, de nous captiver nous-mêmes (en accord avec ce que nous avons exposé plus haut au sujet de l'intérêt). Non que la lutte pour l'objectivité dans une intériorité fortement passionnée ne soit pas nécessairement un puissant aiguillon d'un approfondissement sans limite de la vie ; mais l'objectivité *appliquée* est un point final, ni plus ni moins.

Or, ce n'est pas seulement la sympathie de l'observateur avec l'observé qui est ici méthodiquement rompue, mais jusqu'aux relations internes mêmes de l'observé. Ce que le psychologue constate dans sa propre expérience intérieure (froidement, sans remords et sans angoisse) relève toujours du passé. Que l'introspection se déroule intégralement dans les « actes » de la mémoire immédiate, dans ce qu'on appelle les rétentions, cela est généralement connu ; et ces rétentions, s'efforçant de retenir quelque chose qui ne peut l'être dans sa pleine originalité, sont bien le témoignage le plus complet du caractère révolu, passé de leur objet. Il y a, dans toute notre rétentionnalité, en vertu de ce fait, quelque chose de fatal et, en ce sens, de tragique : fatal et tragique, bien sûr, pour celui qui est placé directement dans cet écoulement, qui y est présent ; mais le psychologue ne s'y trompe pas. Cela, parce qu'il a artificiellement aboli le lien entre son propre passé et son présent. En réalité, le passé n'est pas un simple objet pour le regard, ce qui remplit la ligne temporelle à gauche du point zéro du présent. *Le temps concret n'est jamais le temps du psychologue.* Le temps du psychologue peut être « qualitatif », à la différence de la conception quantitative de la physique ; il peut être irrationnel, sans le *partes extra partes* intellectuel ; il n'est pas pour autant une concrétion de la vie humaine dans le temps, où le passé est quelque chose qui enchaîne et engage, inséparable de la tendance concrète vers l'avant dont l'observateur dans la vie n'est pas extrait, mais dont le psychologue en tant qu'observateur se met à part d'une manière évidente pour lui. On pourrait objecter que l'engagement du passé pour l'avenir, la singulière intimité de la trinité temporelle est également quelque chose qui est saisi introspectivement, qui n'échappe donc pas à la compétence de la psychologie. Mais – nous insistons – il ne s'agit pas ici de critiquer l'introspection en général comme introspection purement psychologique, théorétique, introspection d'un non-engagé. Il ne s'agit pas de tout ce qui peut être appréhendé réflexivement, mais de ce que peut saisir, de ce que saisit normalement le regard objectivant qui se met lui-même à part de la connexion de la vie.

Ce regard objectivant est nécessairement aussi isolant. S'il veut aboutir à des connaissances, il doit vouloir que les objets en soient exprimables, c'est-à-dire pouvant être embrassés du regard, finis, rapportés à des possibilités de formulation en autant de jugements. Il n'y a point de doute que ce mode correspond à la réalité intérieure dans une grande mesure et assez en profondeur. La formulation des structures psychiques, sans laquelle aucune connaissance au sujet de l'intériorité ne serait possible, saisit quelque chose de concrètement réel. Néanmoins on conçoit aisément – et c'est sous ce rapport que la méthodologie de la psychologie a été le plus souvent critiquée – qu'il y a une limite à la formulabilité. Sans cela, toute notre vie intérieure serait claire, précise, bien définie, et il serait totalement impossible de comprendre comment le manque de clarté et de précision, la confusion, l'erreur s'y introduisent. L'erreur est, certes, une confusion objective, une confusion dans l'objectif ; les relations que nous observons en nous trompant sont mal tracées, « mal » fondées, nous mettons en relation autre chose que nous ne voulons en réalité ; mais tout cela, c'est parce que notre vie psychique nous met devant les yeux un matériel relationnel autre que celui que nous avons actuellement présent à l'esprit, parce que nous ne contrôlons pas avec précision notre vie psychique, parce qu'il nous semble penser à la même chose alors que ce n'est plus la même chose, parce qu'il se produit *en nous-mêmes* des changements insensibles, des confusions, des assimilations qui échappent à notre attention, qui ne seraient pas possibles s'il n'y avait pas, dans la nature de notre vie intérieure, une certaine indistinction, un certain flou. L'erreur fait essentiellement partie de la nature du sujet qui pense le singulier (autrement dit, qui est un sujet sensible) sans perdre son infinité intérieure. – Or, les formulations de la psychologie objectivante doivent tendre, par la nature de la chose, à réduire au possible cette indétermination intérieure, qui est étroitement liée à l'infinité ; de là, son affinité interne, originelle, avec la psychologie recomposante, dite « de mosaïque », qui a à fournir l'arsenal principal des instruments conceptuels, bien qu'elle en reconnaisse, somme toute, l'inadéquation, la corrigeant de différentes manières, dans des pré-scriptions de toute sorte. Ce qui est dommageable, ce ne sont pas tant les concepts en eux-mêmes que plutôt la manière dont ils sont compris, c'est la question de la mise en transparence de la vie psychique : la psychologie méthodique et rationnelle considère nécessairement le psychique comme une multiplicité susceptible, comme toute multiplicité objective finie, d'être ordonnée en une vue d'ensemble systématique ; et en cela précisément on reconnaît un présupposé méthodologique qui découle en toute évidence de l'attitude scientifique, mais ne peut valoir pour la philosophie sans questionnement préalable. Il y a bien des possibilités d'amener cet infini intérieur à une plus grande proximité consciente et, par là, alors, de l'apprivoiser et de le rationaliser en quelque sorte. Husserl qualifiait d'horizons, susceptibles d'« explicitation », les réservoirs typiques de possibles infinis dont éclosent pour ainsi dire les trames d'action réelles de notre vie. Chaque horizon, quelque objectif qu'il paraisse de prime abord, relevant exclusivement des possibilités illimitées du pôle objectif du vécu, est étroitement lié à notre vivre propre, à sa perspectivité essentielle ; il est, comme nous le verrons encore dans l'un des chapitres suivants, une preuve sérieuse que l'opposition originelle du subjectif et de l'objectif, du vivre et du vécu, présupposée dans la phénoménologie aussi comme ligne de démarcation tout à fait fondamentale, ne peut être appliquée au déroulement de tout notre vécu et que nous ne saisissons pas là seulement un fait introspectif intéressant, mais une difficulté et un problème fondamental. Il suffit cependant d'en énoncer les conditions pour voir que ce n'est pas un problème psychologique, un problème que la psychologie pourrait et saurait résoudre par les méthodes qui sont les siennes. Car il s'agit là d'élucider la possibilité du rapport du sujet et de l'objet en général, et non pas de faits singuliers ou généraux dans le cadre de la distance de l'un des deux termes à l'autre.

Or, il y a quelque chose qui nous pousse à nous éloigner plus encore de la conception psychologique de l'intériorité, une considération qui touche, si l'on peut dire, à l'intériorité même de l'intériorité. En effet, le mode de considération qui est celui de la méthodologie psychologique ne peut arriver qu'au contraire, aux dehors de l'intériorité, à la manière dont elle « paraît » et « apparaît », dont elle est vécue ou dont elle se vit elle-même, et à des métaphores exprimant ces « états ». Il ne peut faire *ex suppositione* que la vie subjective ait un *sens* qu'il faut exprimer, c'est-à-dire débarrasser de son écorce, de son apparence extérieure, de cela même à quoi la psychologie s'attache ; que cette « expression » ne soit ni l'observation intérieure ni l'hypothèse objective qui sont, derechef *ex supposito*, les deux seules voies légitimes qu'une telle psychologie admet. Les analyses du psychologue qui a le sens de l'intériorité seront à jamais sous-tendues par une impression semblable à celle qu'il aurait en ouvrant sans fin des écrins dont chacun en contiendrait un autre, de taille toujours décroissante ; chacun au bout du compte pareillement mystérieux, chaque solution pareillement extérieure, et le tout renvoyant par son caractère d'écrin à quelque chose qui est *essentiellement* un contenu.

Se rapporte à cela, avant tout, que chaque fait psychique est, pour ainsi dire, transgressif, qu'il est lui-même et encore quelque chose de plus, qu'il est à un certain égard total, qu'il englobe toute une vie d'implications, d'allusions, de défenses et de contradictions, si bien qu'il n'est pas exagéré de dire que dans la moindre phase individuelle de la vie, comprise en profondeur, il serait possible d'en déchiffrer la totalité ; par conséquent, on ne pourra jamais comprendre le psychique logiquement au sens de la logique de l'identité, il sera à comprendre plutôt de manière « dialectique », et cette dialectique fera d'abord apparaître des rapports indistincts et souvent paradoxaux, qui n'en existent pas moins pour autant. Qu'y a-t-il à première vue de plus qualitativement différent l'un de l'autre, de plus clos sur soi, originel et hermétique, que le plaisir, la peine, l'équilibre ? Et pourtant chacun des trois comporte des renvois aux deux autres, renvois qui montrent qu'aucun n'est possible isolément, bien que le moment qualitatif soit là pour témoigner que chacun est originel et ancré en soi de manière tout à fait autonome.

Relève par ailleurs de cette complexion du sens du psychique la vérité, connue de longue date et souvent constatée, selon laquelle la vie psychique conçue comme tissu de vécus élaborés de façon critique par la doctrine psychologique n'a jamais la profondeur et l'adéquation par lesquelles se signalent certaines saisies poétiques, éthiques, religieuses de l'intériorité[1]. Tout ce qu'il y a de fécond dans la psychologie depuis sa naissance comme « science objective » provient directement ou indirectement de cette expérience amère. Il y a eu des tentatives d'y porter remède : la déception inspirée par la psychologie a été imputée à la manière autrefois prédominante de « construire » la vie psychique à partir d'« éléments », et on a cru pouvoir

---

1. Plus particulièrement sur la saisie de l'intériorité pratiquée par la poésie, voir ci-dessous, Annexe II, p. 141 et suiv.

y obvier en la considérant dans sa cohérence, dans l'enchaînement qu'y introduit le concept de structure psychique, plus tard même en éliminant tous les termes descriptifs abstraits tels que sentiment, volonté, etc., qui la fractionnent, au profit du terme unificateur de vécu – et le résultat, bien que plus concret, plus riche, plus irrationnel, n'était pourtant pas vivant ; en effet, ce qui est « sans vie » n'est pas nécessairement « schématique » pour autant. D'autres mettaient les défauts de la psychologie sur le compte de la pensée rationnelle et préconisaient d'y substituer l'intuition directe, « irrationnelle », censée donner accès aux profondeurs où la vie, d'une manière inexprimable, se crée librement et se renouvelle sans cesse – mais même cette création mystérieuse n'était pas ce qui aurait rappelé l'intériorité *propre*. Le refus de la psychologie ordinaire des vécus était plus radical encore chez ceux qui, à l'instar de Nietzsche, manifestaient une méfiance foncière envers le contenu vécu tel qu'il se donne, mais expliquaient cette attitude négative par l'idée derechef objective d'une falsification des « instincts ». Non que la découverte et l'exploration à tâtons du « subconscient », qui en toute certitude nous codétermine dans notre être et notre agir, ne soient pas éminemment importantes et pratiquement fécondes – qui le nierait ? Mais qui pourrait affirmer, face à la mécanisation de certaines explications de ce genre, que la simple orientation vers le subconscient ouvre le chemin qui mène aux sources vives de la vie intérieure ? Il est certain, bien sûr, qu'une telle construction du psychisme à partir de « strates » qui se chevauchent, se contrôlent, s'induisent en erreur et se violentent les unes les autres est en quelque façon plus active, plus dramatique que tout ce qu'avait pu présenter la psychologie plus ancienne, et qu'elle va ainsi au-devant des exigences de vivacité et de vitalité de la saisie de l'intériorité dont nous avons dû prendre acte, malgré leur indétermination conceptuelle, comme d'un besoin pressant de clarté sur soi-même. Mais même là où les conflits de l'intériorité sont projetés dans des dimensions cosmiques et développés, fût-ce en une image tragique de l'anéantissement de la vie par la puissance d'un « esprit » démoniaque, il ne s'agit au fond de rien de plus que d'un spectacle, joué par des forces puissantes, qui pourra certes nous frapper à un endroit sensible, mais qui, dans son essence, ne diffère pas de celui qu'offrent, par exemple, les catastrophes naturelles. Nous observons donc au sein de la psychologie moderne une dissymétrie interne, culminant dans une contradiction : une orientation qui ne peut s'expliquer qu'à partir de l'aspiration à saisir le non-objectif, et les moyens de cette saisie, qui sont à jamais condamnés à l'objectivité et, de ce fait, mettent nécessairement la tendance en échec.

Mais dans le domaine même de la psychologie, comme de la théorie moderne de la conscience et de la connaissance, dans les questions singulières que posent ces disciplines, on remarque la même chose qui se répète, une aspiration et tout ensemble une incapacité à saisir certains « phénomènes », un flottement qui en vient à faire apparaître parfois les concepts psychologiques comme suspects d'arbitraire. En réalité, il s'agit d'une « interprétation » entièrement différente de la manière dont est donné ce qui peut l'être en général dans l'expérience intérieure, interprétation qui balance entre les pôles d'une objectivation totale et de la vision à une lumière qui elle-même n'est pas visible.

Le concept même de notre moi figure parmi les notions problématiques de ce genre, quant à savoir non seulement ce qu'il est, quel est son contenu, mais encore si, oui ou non, il existe. Depuis Hume jusqu'à Mach on entend affirmer que le moi serait simplement *a bundle of ideas*[1], l'unité abstraite de tout ce faisceau, et Nietzsche a tenté de l'expliquer comme un simple effet de la métaphysique du langage, qui suppose un porteur à chaque discours, à chaque effet, à chaque action[2]. Il y a là du vrai, dans la mesure du moins où, dès lors que nous comprenons la vie psychique « activement » – ce qui, dans la vie courante, est pour nous une évidence –, le moi est de ce fait toujours déjà donné en tant que présupposé. Mais même si, avec la plupart des psychologues modernes, on accepte le moi comme un fait, comment concevoir, comment déterminer, comment définir précisément cette « activité »-là ? Dans les théories modernes de la conscience, on ne trouve à vrai dire que chez Fichte et les penseurs ayant pris leur point de départ chez lui une vision qui lie indissolublement l'activité au moi, qui la pose dans le moi, l'identifie carrément avec le moi lui-même ; sinon, on considère en règle générale le moi comme simple « point » relationnel, sujet primitif de la connaissance (au sens logique), composante de la « protorelation » dans le cadre de laquelle

1. Cf. D. Hume, *A Treatise of Human Nature* (1739), I, iv, 6 ; trad. fr. d'A. Leroy : *Traité de la nature humaine*, Paris, Aubier, 1946, t. I, surtout p. 344, où les hommes sont définis comme « rien qu'un faisceau ou une collection de perceptions différentes qui se succèdent les unes aux autres avec une rapidité inconcevable et qui sont dans un flux et un mouvement perpétuels ».

2. Cf. Fr. Nietzsche, *Jenseits von Gut und Böse*, § 17 ; trad. fr. de H. Albert : *Par-delà le bien et le mal*, Paris, Mercure de France, 1963, chap. i : « Les préjugés des philosophes », p. 29.

se déroule originellement tout le processus cognitif. Chez Kant lui-même, le « moi » joue le rôle de point relationnel identique, nécessaire à l'activité synthétique de la pensée, mais qui bien sûr n'est pas lui-même actif. Plus récemment, le moi détenteur d'une fonction active recule au bénéfice de l'inconscient qui assume tout l'« agir » de notre intériorité. L'« agir » devient ainsi, de plus en plus, un concept objectif, et la question de savoir comment il est en général possible, non pas de penser seulement, mais de *vivre*, d'*expérimenter* l'« activité », fait figure, ou peu s'en faut, d'énigme. Les psychologues positivistes et les penseurs qui partagent cette orientation enseignent même que la « volonté » ne serait rien de plus que la structure, régie par des lois, des déroulements « représentatifs » et « affectifs ». Lorsque Brentano introduit le concept de relation intentionnelle, il a soin de préciser que ce terme ne recouvre aucune « activité »[1], voire il comprend tous les « actes » psychiques comme des affections passives, des « passions » (*Erleidungen*)[2]. Rehmke prendra expressément position contre l'idée que la conscience signifie davantage que le fait d'« avoir quelque chose », soit le face-à-face passif du moi et des contenus objectifs qui surgissent devant lui[3]. Sans doute est-ce H. Driesch qui, plus que tout autre, développe avec ténacité ce faisceau

1. Ms., biffé : Lorsque Brentano introduit le concept d'*acte psychique*, il a soin de préciser que ce terme ne recouvre aucune « activité » *qui accomplirait quelque chose – acte est ici simplement synonyme de processus.*

2. Cf. Fr. Brentano, *Kategorienlehre*, éd. A. Kastil, Lepzig, Meiner, 1933, p. 214-218.

3. Cf. J. Rehmke, *Philosophie als Grundwissenschaft*, Leipzig, E. von Mayer, 1910, p. 11-13.

d'idées. Pour lui, au commencement logique de tout ordonnancement conceptuel de l'expérience il y a le moi pur qui, exempt de tout rapport à l'activité ou à la passivité, « est conscient » (c'est-à-dire « fait l'expérience vécue ») des choses et de lui-même. Driesch affirme que ce savoir de soi-même est excessivement pauvre – ne contenant rien de plus que l'identité « moi qui expérimente = moi qui expérimente que j'expérimente » (équation qui est bien sûr en elle-même assez curieuse pour mériter une réflexion plus profonde, vu le principe d'itération infinie qui s'y exprime) – et qu'il est séparé totalement et pour toujours de tout « contenu » ; lui seul est avant toute « théorie », c'est-à-dire avant que ne soient posés les concepts expérientiels d'ordre ; le moi déjà, en tant que quelque chose de temporel, d'étendu, relève de la « théorie », il est le résultat conceptuel de la position du moi primitif, supratemporel, lequel est bien sûr, « d'une manière indéfinissable », conscient de son identité avec cette sienne œuvre conceptuelle. Ainsi émerge la notion de « succession consciente », qui est bien sûr en elle-même derechef quelque chose de passif et que Driesch veut voir comparé, non pas à un flux, comme cela se fait souvent habituellement, mais plutôt à une série de décharges électriques qui fusent, série en réalité discontinue. La notion de l'âme en tant qu'agent a toutefois sa place ailleurs. D'abord je dois vouloir l'ordre, introduire le concept de nature (et, dans son cadre, aussi celui de corps), puis réfléchir au fait que « se présentent » en réponse à mes désirs d'ordre, des pensées, des idées, mais aussi des actes corporels effectuants, et pour expliquer cet enchaînement, qui ne vient ni du moi ni de la nature, on introduit les concepts de « mon âme », « ma personne psychophysique », éventuellement aussi « mon caractère », etc. Toute activité créatrice est donc mise sur le compte de l'âme, le moi ne fait que regarder, assiste en simple spectateur au devenir inconsciemment finalisé[1].

Toute cette réflexion comporte une clarté logique qui oblige à l'analyser à nouveau malgré certains défauts tout à fait manifestes. C'est une réflexion constructive : comme toute la « logique » de Driesch, elle ne procède pas par l'analyse d'un donné constaté au préalable, mais par la reconstruction à partir de données ultimes prétendues évidentes. Aussi la causation, par exemple, n'est-elle rapportée à aucun vécu originel, c'est au contraire une simple construction « rationnelle » à la manière du *post hoc, ergo propter hoc* humien. L'un des présupposés inconscients de la logique de Driesch, c'est que les catégories de notre expérience courante résultent de la même démarche de pensée que les concepts théorétiques de la science. Les concepts théorétiques de la science se signalent par le fait que tout le subjectif en est, autant que possible, éliminé ou du moins refoulé ; ce sera donc là aussi la tendance de la logique de Driesch, y compris de sa logique du subjectif.

Là-contre, on a souvent souligné qu'il existe un agir conscient (et son contraire : un vécu de la passivité, du subir, de la souffrance) en tant que vécu effectif, non pas comme simple pensée ; que l'action consciente ne coïncide pas avec le vouloir ; qu'elle est un moment indispensable, sans lequel la vie psychique concrète dans ses occupations finalisées n'est pas compréhensible ; que l'action consciente est un tout autre vécu que le vécu de l'action que nous

1. Cf. H. Driesch, *Wissen und Denken. Ein Prolegomenon zu aller Philosophie*, 2ᵉ éd., Leipzig, E. Reinicke, 1922, p. 127-131 ; id., *Ordnungslehre. Ein System des nichtmetaphysischen Teiles der Philosophie*, 2ᵉ éd., Iéna, A. Diederichs, 1923, p. 18-20.

subissons, qui se déroule à même nous ou nous implique dans son déroulement (même le fait de penser, de réfléchir, est un autre vécu que lorsque « ça pense en moi » involontairement, contre ma volonté consciente); que l'action consciente n'est pas conscience de la *manière dont* le moi agit, mais seulement du *fait qu'*il agit, encore qu'un présupposé évident de cette action consciente soit, bien sûr, une sorte de conscience dispositionnelle non objective, la conscience que je peux et sais faire quelque chose. Ces considérations et objections ont été récemment résumées de nouveau, de façon fort belle, par H. Schmalenbach[1]. Bien sûr, le renvoi au phénomène ne permet pas de dissiper directement le doute qu'on ne puisse y apercevoir un élément de construction rationnelle. Il est particulièrement difficile de comprendre comment il se fait que l'action consciente, notamment psychophysique, opère sans savoir comment; que, malgré son objectivité, elle soit en tant qu'action, dans son efficace, non objective. En effet, quelle différence essentielle y aurait-il alors entre le fait de posséder un savoir sur l'action opérante de quelque chose « en moi » et le fait d'exercer moi-même une telle action sans savoir comment? Car je devrais alors distinguer pareillement une double face de l'action que j'exerce moi-même, une face consciente et une face inconsciente – du moins pour autant qu'il s'agit de l'action psychophysique. Ces connexions ne commenceront à s'éclaircir qu'à partir du moment où nous comprendrons la conception active du psychique en tant qu'interprétation du point de vue du non-objectivable. L'activité intérieure n'est pas un phénomène qui puisse

---

1. H. Schmalenbach, *Geist und Sein*, Bâle, Haus zum Falken, 1939, p. 13-16. *(Note de l'Auteur.)*

être saisi, fixé avec précision en une guise objective ; au contraire, partout où elle se présente, il faut la comprendre comme résidu de l'autocompréhension non objective naturelle qui, bien sûr, originellement et préthéorétiquement, n'est jamais pure, mais attend, pour émerger dans sa plénitude, que se produisent des tournants plus profonds de l'intériorité.

En réalité, on peut penser à juste titre que, sans le concept d'activité consciente et les notions corrélatives (la passivité, l'automatisme, la réactivité, etc.), on ne saurait faire un pas hors du domaine de la psychologie constructive, compositionnelle. C'est ce que nous allons montrer sur des exemples : 1) l'échec de Brentano dans la lutte contre le sensualisme par le concept de relation intentionnelle et la conception synthétique de l'intentionnalité chez Husserl ; 2) l'atomisme de fait de la psychologie de Driesch, qui contient des éléments psychiques et des facteurs totalisants comme principes singuliers, indépendants les uns des autres. D'autre part, on pourra ensuite montrer aussi les scrupules qui s'opposent à l'acceptation d'une conception activiste du processus psychique conscient comme celle que l'on a chez Husserl, ainsi que la légitimité partielle de ces scrupules du point de vue de la vision purement objective et, en ce sens, rigoureusement scientifique.

Le rapport du concept d'intentionnalité chez Brentano et chez Husserl a été examiné par L. Landgrebe[1], que nous suivons sur ce point. Brentano opposa à l'élément psychique sensualiste courant son concept de rapport intentionnel à

---

1. L. Landgrebe, « Husserls Phänomenologie und die Motive zu ihrer Umbildung », *Revue internationale de philosophie*, vol. 1 (1939), n° 2, p. 280 et suiv. *(Note de l'Auteur.)*

l'objet, rapport qui est d'après lui la définition propre du psychique. Les éléments ne sont plus à combiner simplement extérieurement, ils sont censés contenir plutôt leur sens, qui est objectif, en eux-mêmes. Les types de phénomènes psychiques sont des types de rapport objectif, et non des types d'« éléments ». Cela admis, la vie psychique se compose d'« actes » simples et complexes, lesquels sont ainsi comme les pierres dont elle est construite. Toutefois, les actes singuliers, eux non plus, ne sont pas liés entre eux autrement que comme les parties d'un tout ; même sous le rapport objectif il n'y a pas entre eux d'unité, mais seulement une concordance, une ressemblance – chaque acte a son objet particulier. Ainsi Brentano, soucieux de différencier les rapports mentaux des rapports « réels » et la réflexion psychologique de la réflexion « noétique » et « métaphysique », fait derechef des actes intentionnels des unités objectives, dont les trames sont régies par des lois purement objectives, étrangères à leur contenu propre. Avant même de commencer à décrire et à classifier, Brentano déjà compose et construit ; ce n'est que dans le cadre de cette *idée préconçue** qu'il réalise ensuite ses descriptions et analyses. – Husserl, en revanche, s'empare hardiment d'une idée qui pour Brentano est le comble de la confusion logique, un simple jeu de mots métaphorique, à savoir que la vie intentionnelle est l'unité d'un *accomplissement*, qu'elle est rapportée à l'objectivité, qui peut être identique dans la diversité qui est la sienne, que même son unité temporelle est interne, constituée intérieurement par cette vie même, et non pas un simple remplissement objectif du temps (dont la vie prendrait conscience à travers on ne sait quelles « colorations » du vécu actuel par l'accent « autrefois »). L'intentionnalité massive, l'intentionnalité

des « actes » objectifs singuliers, est un résultat de la
fonction simplificatrice qu'exerce l'athématicité originelle,
essentielle, la latence du caractère d'accomplissement qui
est celui de la vie intentionnelle[1]. Le fonctionnement de
l'intentionnalité, s'il n'était pris en vue à la lumière de
l'idée fondamentale de l'accomplissement, resterait
fatalement à jamais inéclairci ; l'objectivisme pur ne saura
jamais voir dans le psychique davantage qu'un ensemble
d'objets et, peut-être, tout au plus, d'atomes intentionnels.
Il va de soi que la saisie husserlienne de l'intentionnalité
opérante, saisie ramifiée à l'infini, qui ne cesse de mettre
à jour des couches toujours plus profondes, plus fines et
plus fondamentales, a elle aussi ses écueils, que ne pourra
surmonter celui pour qui l'objectivité scientifique et la
déterminité mathématique sont le dernier mot de la
méthodologie de toute théorétisation. Il est bien d'y renvoyer
afin qu'on comprenne que l'approche constructive du
psychique a justement, elle aussi, des motifs sérieux et,
loin d'être un simple aveuglement psychique, tient aux
conséquences de toute la conception moderne de la science,
notamment des sciences de la nature. La découverte
husserlienne de l'intentionnalité est bien sûr une
objectivation de celle-ci ; elle s'en veut une description
exacte ; pourtant, elle découvre quelque chose qui n'est
aucunement donné d'avance, mais ne s'éveille de son

---

1. Voir E. Fink, « Das Problem der Phänomenologie Edmund
Husserls », *Revue internationale de philosophie*, vol. 1 (1939), n° 2,
p. 266. [Texte recueilli dans id., *Studien zur Phänomenologie 1930-1939*,
La Haye, M. Nijhoff, 1966, p. 179-223, ici p. 218-219 ; trad. fr. de
D. Franck : « Le problème de la phénoménologie d'E. H. », dans *De la
phénoménologie*, Paris, Éditions de Minuit, 1974, p. 199-242, ici p. 238.]
(Note de l'Auteur.)

« anonymat » que du fait du regard de celui qui prend en vue toute objectivité sous l'idée de l'accomplissement. Ainsi le sol sur lequel Husserl théorétise contient-il, sinon la contradiction interne (quoique nécessaire), du moins le problème de la nature même de l'être subjectif[1], tandis que pour les adversaires de la conception active, s'il peut y avoir des difficultés dans les modèles singuliers des constructions subjectives, si les difficultés y sont même inéluctables, vu l'inadéquation des modèles, en revanche la nature même de l'être subjectif n'est aucunement problématique à leurs yeux.

Du point de vue husserlien, qui permet paradoxalement de découvrir, précisément dans ce qui apparaît comme clair et entièrement objectivé, du latent et du non-donné, et cela « à l'intérieur » de la conscience même, on peut alors formuler certaines objections contre les conceptions de Driesch. On peut renvoyer au fait que, sans la conception active, la notion même de directionnalité, présente dans toute intentionnalité, et donc aussi dans l'« avoir-conscient » [*etwas bewußt haben*] de Driesch, perd son sens ; sans cette « direction » loin de soi, la « protorelation » de Driesch serait la simple formulation d'une certaine coexistence, de l'être-avec d'un moi ponctuel et de certains contenus, coexistence intérieurement inqualifiée, si bien que dire même « j'ai quelque chose » serait aller trop loin, car même cela implique une activité ; en réalité, il serait impossible de décider si « je possède » ou si « je suis moi-même possédé ». En réalité, le moi qui « a quelque chose » ne le

1. Voir, sur toute cette interprétation, l'article cité d'E. Fink, p. 269-270. [Cf. *Studien zur Phänomenologie*, p. 221-223 ; trad. fr., p. 240-242.] *(Note de l'Auteur.)*

possède pas de manière non qualifiée, loin de là, l'acte par lequel il a expressément quelque chose de déterminé est toujours un acte d'attention en tant que ré-action à un appel ou à une impulsion provenant de ce qui est originellement indifférencié. Et il en va de même des autres qualifications de ce moi. Driesch lui-même ne peut se passer de sa réflexivité – or, cette réflexivité n'est pas seulement une possibilité factuelle énigmatique, mais une infinité potentielle. Il en va de même de la conscience du temps. Driesch veut ici en rester à son principe de la simple absence de contenu du moi et de son rapport objectif; aussi l'élément temporel originel, à savoir la « coloration immédiatement objective d'un *autrefois* », est-il chez lui quelque chose de purement objectif. Dans le moi lui-même, dans son vivre, il n'y a point de différenciation qui renvoie à des distinctions temporelles. Pour autant, le « autrefois objectif » est censé signifier « autrefois vécu par moi », c'est-à-dire que le moi doit poser un *autre* moi, lequel est cependant, d'une manière énigmatique, « indéfinissable », identique au moi-sujet, originel, qui pose en dehors du temps. En revanche, tout le mystère s'éclaircit si nous ne considérons pas la conscience du temps originellement comme un simple indice objectif pourvu d'un contenu complexe, mais aussi comme subjectivement différenciée, ainsi que le montre Husserl. Alors chaque conscience actuelle sera, en même temps que conscience du présent, conscience rétentionnelle du « passé », richement différenciée, et cette conscience d'un *objet* présent ou passé aura en elle encore une autre direction, se déployant passivement, automa-tiquement, soit le savoir athématique que le présent est tout ensemble rétention d'un présent tout juste passé et, avec cela, de tout ce qui en lui a été retenu; si bien que, dans la « rétention » qui est une composante inséparable de toute conscience actuelle, il y a, d'une part, « recouvrement » ou « différenciation » de l'objet, d'autre part, constitution, par recouvrement continu et automatique, de l'unité du « flux » subjectif, dont la phase actuelle est une composante évidente. Mais nous n'avons pas ici la place de traiter de l'analyse de la conscience du temps ; nous voulons simplement signaler que l'activité du moi manifeste une différenciation qu'on peut difficilement épuiser et saisir dans toute la richesse de ses directions, que la richesse des possibilités que l'intériorité se donne ou qui lui sont données ne peut être aisément embrassée du regard.

Cela dit, on conçoit sans peine que, si le moi est passif, la vie psychique ne peut être conçue autrement que de manière atomique, à moins de recourir à un irrationalisme total. Comme le moi est simple spectateur, tous les contenus doivent se présenter devant son regard sans connexion interne avec lui. Toute leur cohérence doit alors être purement objective. Comme la synthèse ne peut se dérouler dans la vie consciente même, la vie intentionnelle se réduit à une série d'actes successifs et mutuellement stratifiés, qui interviennent dans l'expérience comme dans un espace logique. Il y a là des éléments et des complexes d'éléments qui émergent et s'éclipsent selon des lois qui en régissent l'occurrence. Si cela ne signifie pas un atomisme, on voit mal ce qu'il faudrait entendre par ce terme. Et c'est précisément selon un schéma de ce genre qu'est bâtie la logique drieschienne du psychique, ainsi que sa psychologie. Driesch distingue une science psychologique des éléments et une autre qui traite de leur combinaison ; il introduit par ailleurs des concepts d'espèce suprême pour expliquer les différentes lois, puis des concepts autorisant à intégrer le psychique dans le tout de la vie biologique, psychophysique. L'idée de l'âme et de l'entéléchie totalise cette conception du psychique ; le vivre comme tel est atomique.

II

La conception à la lumière de l'idée d'accomplissement est apparue comme le chemin qui éloigne du psychique purement objectif et, partant, aliéné à lui-même. Dans les écrits philosophiques, elle est désignée par le terme d'intentionnalité, du moins là où l'intentionnalité signifie, non pas un donné, mais le processus de donation, non pas une « objectivité intérieure » non problématique, mais l'« objectivité » qui ne devient évidente qu'à une lumière non objective. Il faut toutefois commencer par développer l'idée d'accomplissement plus pleinement que cela n'a été le cas jusqu'ici, en posant surtout les questions suivantes : 1) Quel est le rapport de l'« accomplissement » à notre « moi » ? 2) Que fait l'accomplissement, qu'accomplit-il, qu'est-ce qui en lui est « effectué » ?

La solution de facilité serait de ne tenir pour « accomplissements » que les vécus qui sont expressément actifs, les vécus attentionnels, par exemple, les actes de volonté et de décision, ainsi peut-être que les habitualités « fondées » par de tels actes – et c'est effectivement là que l'accomplissement est le plus frappant, là que dans chaque vécu le moi « s'investit » réellement dans la chose, qu'il est du côté de la chose, qu'il donne expressément lui-même une direction objective à sa vie. Mais « se donner une direction objective » de cette façon, ce n'est pas un absolu. Se donner une direction objective, c'est un moment moins du chemin que nous faisons que de celui nous sommes. C'est une possibilité qui nous est ouverte par le chemin en tant que tel, une possibilité dont la tâche et les limites sont tracées par cela même. La possibilité de s'attacher à du singulier est liée à la nécessité de s'éloigner d'un autre singulier. Il n'y a point d'observation qui ne comporte pas, à la base, des omissions et des oublis. Il n'est pas dans nos possibilités de rendre n'importe quoi présent n'importe quand et n'importe comment. Ainsi chaque mise en valeur expressément active va de pair avec l'acceptation passive de bien des choses qui accompagnent l'activité en tant que sa condition passive. La passivité est le corrélatif nécessaire de l'activité. Toutefois, cette passivité, qui fournit la toile de fond nécessaire à chaque saisie expressément active, à chaque réalisation de nos possibilités propres, n'est pas, dans le tout de la vie, une simple page blanche bouche-trou. Elle n'est dépourvue de signification que *pour la réalisation* de celles de nos possibilités qui sont d'ores et déjà ouvertes, à notre portée. Dans un sens plus large cependant, par rapport à nos *possibilités* objectives, cette passivité a elle aussi sa valeur – en effet, c'est précisément à ce moment passif, à ce comportement passif que sont « données » les possibilités et impossibilités, non pas en passe de se réaliser, mais en tant que telles. En même temps, le terme « comportement » indique que la passivité n'est pas tout à fait sourde au moi, qu'elle n'est pas aussi étrangère à notre *ego* qu'elle le serait à d'autres événements dans un autre espace planétaire. Même passifs, nous avons un comportement, et le comportement est, dans un sens tout à fait général, lui aussi un accomplissement. Même l'oubli, même la situation dans laquelle vit l'oubli est, dans cette acception générale, un accomplissement ; ce n'est pas quelque chose à quoi le moi ne prendrait aucune part. Et par ce motif de la « participation du moi », le concept de comportement et d'accomplissement s'étend finalement non seulement à tout ce sur quoi le moi possède un savoir comme son but le plus proche, ce dans quoi il opère une sélection comme parmi ses possibilités courantes et banales, mais encore à ceux des possibles qui lui sont éloignés, à ce dont il ne sait rien et qui pourtant le codétermine « à son insu », ce qui, le cas échéant, met en péril la banalité du cours ordinaire de la vie et qui, personnifié, se manifeste quasiment comme une autre vie, une vie étrangère au sein de notre vie propre – alors qu'en réalité il s'agit simplement d'un comportement auquel, tout inconscient et dissimulé qu'il est, et précisément dans cette inconscience et cette dissimulation, nous participons d'une manière bien définie.

Avec cette amorce de réponse à la première question, nous avons répondu aussi, partiellement, à la seconde. Ce qu'accomplit l'accomplissement, c'est quelque chose qui concerne notre moi, notre être intérieur, non objectif et, dans un sens radical, incapable d'objectivation. Cela dit, il ne faut pas entendre « qui concerne » comme désignant une relation extérieure, découlant de la constellation objective. Est un accomplissement, en ce sens général, non pas ce qui me frappe de l'extérieur, mais plutôt ce qui détermine intérieurement mon choix, ma possibilité ou mon impossibilité. L'accomplissement décide donc de la formation et, par là, de la signification des différentes phases de notre vie. Mais la question n'est pas épuisée pour autant. L'accomplissement, c'est ce à l'aide de quoi nous entrons en général en contact avec les choses, avec les objets, bref avec tout ce que nous ne sommes pas nous-mêmes. Les possibilités qui se réalisent dans la vie, ce sont avant tout les possibilités d'orientation objective, les possibilités de « nous expliquer » avec ce qui nous entoure. L'« accès aux choses » doit donc nous être déjà originellement ouvert, le « sens » des choses en quelque sorte clair originellement et dans son ensemble, avant que nous ne commencions à intervenir dans les choses dans tel ou tel cas particulier et à aménager notre vie en conséquence. Qu'est-ce qui nous donne cet « accès » ? Qu'est-ce qui nous ouvre le « sens » de l'objectivité dans son ensemble et ses particularités ? Cela ne peut être rien d'extérieur, car dans ce cas la question ne ferait toujours que se reposer. Il faut donc que ce soit la vie même, et cela précisément dans le trait fondamental qui fait qu'elle est un accomplissement ; l'accomplissement est ouverture du sens objectif. Les « objets » ne sont pas originellement quelque chose de tout à fait étranger et « transcendant » à la vie, car ils n'auraient pas alors de « sens » pour elle, de même que la chose en soi kantienne n'a pas de sens pour la vie. En réalité, les choses ont bien un sens pour la vie, parce que la vie a un sens pour elles. L'orientation originelle de la vie est hors d'elle-même, et sans cette orientation primitive le sens des choses serait incompréhensible.

Comment cette constitution du sens objectif se déroule dans les singularités, quelle en est la structure, c'est là le problème de la phénoménologie à orientation objective. Elle étudie la constitution du sens objectif, l'aspect de l'accomplissement vital que sont les objectivités en général pour nous. Tout cet aspect de la vie est celui qui, par son essence, est le plus saisissable – attendu, justement, qu'il se laisse guider par des fils conducteurs objectifs et qu'il est, par conséquent, la face de l'âme qui adhère en quelque sorte le plus étroitement aux choses. Mais même ici l'incommensurabilité interne de la vie avec toute saisie objective se manifeste au moins de deux manières : d'une part, dans l'idée même d'accomplissement, dont nous avons montré qu'elle n'est saisissable dans son essence que par la vie vivante, en tension, et non par l'intuition passive ; que c'est cette compréhension qui (indirectement) rend possibles les intuitions du psychique, sa saisie réflexive, et non pas la réflexion au sens de la simple distance théorétique qui « donnerait » l'activité intérieure. D'autre part, dans le fait que l'objectivation originaire – ce qui se tient face à nous comme étranger et extérieur – n'est jamais réellement « pure ». L'objet pur, absolu, exempt de toute coloration vitale, est une simple idée-limite qui se présente à l'esprit de notre « science objective », dont il est l'une des tâches téléologiques ; ainsi l'existence même de la science et l'infinitude éternelle, essentielle de cette tâche attestent que l'objectivation originaire contient encore des insaisissabilités vitales qui, en apparaissant sur le plan de projection objectif, ne deviennent pas pour autant de pures choses. De telles choses sont le plus souvent occultées du fait que domine, dans l'objectivation, un certain propos concret et pratique, pragmatique ; nous ignorons par exemple la « tonalité » du paysage, bien qu'elle se présente objec-tivement face à nous, précisément parce qu'elle est quelque chose d'insaisissable, sur quoi l'activité pratique ne peut se fonder et prendre appui. Ou encore les moments vitaux ne deviennent apparents que lorsque prend fin une certaine communauté évidente d'impulsions et d'attitudes vitales, donc dans la succession historique ou la différenciation géographique. Les objets anciens, les antiquités ont en eux quelque chose de non explicite qui témoigne en quelque sorte de leur insertion dans un autre mode d'aperception que celui qui nous est habituel, et nous savons que seul réussira à apercevoir quelque chose de ces mondes étrangers celui qui saura vivre leur vie. Ici aussi donc la vie, bien qu'objectivée, n'est accessible qu'à un regard non objectivé, non théorétisant.

« Je suis » signifie, selon ce que nous venons d'exposer, que le « chemin » qu'est le moi dans son essence détermine le « champ » qu'il parcourt, le « milieu » à travers lequel il chemine, les « sentiers » dans lesquels il peut s'engager et s'engage effectivement ; c'est ce caractère de « chemin », de « cheminement », qui fait que tout ce que le cheminement n'est pas reçoit son sens de halte, de repère, de moyen ou d'obstacle ; et, d'autre part, les *moments* du chemin, ses péripéties, son « état » sont naturellement ce qui forme le « contenu » propre de la vie intérieure – mais ce sont les moments d'un tout qui n'est jamais intuitionné, « donné » aussi passivement qu'une chose devant notre regard. La psychologie, s'appuyant sur le fait que le regard intérieur permet de constater divers « sentiments » et « vécus », fait de cet « état » de notre cheminement combattant autant d'« états » objectifs ; mais quant à savoir ce qui s'y passe au juste, quel est le sens de ce qui donne sens à tout le reste et d'où il tient ce sens, c'est là une question qui dépasse les limites de toute psychologie objective. Dans ces « états », à travers eux et par leur intermédiaire se déroule la directionnalisation du chemin, la dispensation *intérieure* qui lui donne sens, et leur explication devra donc partir de ce processus, loin qu'on ne veuille construire le sens du chemin à partir de l'intuition passive des « états ». Pour celui qui se borne à intuitionner, ils resteront forcément muets ; en effet, il s'est aliéné à lui-même en se mettant à part du processus constitutif de son être propre, en s'isolant si bien qu'il ne trouve plus le chemin qui mène à son chemin principal. La signification et, partant, le contenu de la vie intérieure ne peuvent être clairs qu'à celui qui va jusqu'au bout de la dépense de soi pour la conquête du sens, c'est-à-dire, au bout du compte, de soi-même. Et comme c'est la vie qui donne sens à l'étant en général, la vie qui est ce pour quoi l'« être » est quelque chose, c'est seulement à partir de là qu'on peut aborder le problème central de la philosophie en général.

Rien ne témoigne tant en faveur de la thèse que nous venons d'exposer que les procédés de la psychologie « objective » elle-même. Cette discipline, elle non plus, ne se borne pas à constater les faits, mais interprète déjà dans la saisie qu'elle en opère. Elle ne peut ni apercevoir ni décrire et analyser, par exemple, le sentiment de l'angoisse ou celui de la joie sans les mettre en rapport disons avec certains états organiques, sans, de ce fait, les insérer dans le tout d'une vie, toujours, d'une manière ou d'une autre, téléologique ; elle ne peut voir, à plus forte raison, la tendance, la passion, etc., autrement qu'en tant que processus dramatique, finalisé, au cours duquel, directement ou indirectement, la « tendance » se « satisfait », se « transforme », se « sublime » ; tout cela, ce sont des notions compréhensibles uniquement en tant que moments de notre chemin vers nous-mêmes, uniquement à partir de notre combat intérieur, notions grevées toutefois du fait que le « psychologue objectif » ne sait d'avance que trop bien ce qu'est l'homme (à savoir un objet biologique), ce que veulent les différentes « tendances » (le plus souvent : un « assouvissement » « pulsionnel »), et que pour lui il va de soi que toute la connexion de la vie peut et doit, elle aussi, être construite selon le modèle des tendances singulières, isolées par abstraction.

III

L'accomplissement comme thème de la philosophie transcendantale. Il n'y est pas directement objectivé, mais toujours déjà présupposé, la réflexion y est derechef production ; la réflexion ici n'est pas une saisie de la nature même de l'accomplissement, pensé objectivement, mais seulement des « conditions de possibilité » de la synthèse objective qu'il est *présupposé* être. Il s'agit, non pas d'une réflexion à visée psychologique objective, mais d'une *élucidation logique* de l'accomplissement, élucidation qui s'oriente *sur l'objet* et parvient à la clarté concernant les *moyens* de cet accomplissement. Le présupposé dans lequel l'analyse se meut est la logique générale. L'accomplissement est considéré toujours comme effectuation logique, théorétique. Quand bien même les propositions de la logique générale se révéleraient à leur tour les fruits d'un accomplissement, le présupposé demeurerait comme limitation fondamentale du point de vue : en effet, la philosophie transcendantale, étant essentiellement déterminée par la seule négativité envers l'objet, par ce qui *de l'objet* peut être rétroprojeté dans l'idée d'accomplissement, n'a pas de fil conducteur méthodique pour un autre mode de considération, un autre mode d'analyse. La philosophie transcendantale logique montre seulement quelle est la structure conceptuelle de l'accomplissement, son appareillage conceptuel, son *quale* objectif ; elle ne fait apparaître aucun sens au-delà de sa finalité immanente, non pas transcendante. À cet égard l'idée husserlienne d'intentionnalité outrepasse les limites de la philosophie transcendantale jusque-là, montrant qu'il y a là non seulement une structuration téléologique interne, mais une autre encore qui excède la structure objective. D'un autre côté, la position de Husserl peut apparaître comme une rechute dans le « psychologisme » d'une réflexion objective immanente : dans la réflexion introspective, les ultimes structures subjectives sont censées être objectivement données dans la plénitude de leur être, une fois mené à bonne fin le processus de « purification » de ces données par leur « réduction » à la sphère de la *pure* subjectivité transcendantale. Pourtant, la réduction justement n'est pas définie de façon univoque comme acte *réflexif*, au contraire, il y a en elle la spontanéité de la liberté absolue.[1]

[∗]

La phénoménologie de l'esprit de Hegel est une tentative de résoudre le problème. Une saisie purement réflexive du moi est impossible ; en se saisissant soi-même, le moi s'autoaliène nécessairement, circonstance que la réflexion empirique oublie. Le problème est ainsi formulé avec toute l'acuité possible ; reste à savoir s'il peut aussi être résolu comme Hegel l'entend, à savoir par l'idée de la conciliation des contraires, idée qui relève de la logique générale.

---

1. Le texte se termine ici ; les deux tiers inférieurs de la dernière feuille sont restés blancs. Le paragraphe que les éditeurs tchèques font suivre se trouve sur une autre feuille non numérotée, également incomplète.

MONDE ET OBJECTIVITÉ

I

Notre questionnement se meut sur le fil de la démarcation entre être objectif et non objectif. Jusque-là, notre propos était de provoquer le vertige qui renverse la certitude du purement subsistant et, par là, libère le sol pour de nouvelles semailles de « connaissances ». Cela acquis, il s'agit à présent de justifier une séparation aussi absolue et de trouver une nouvelle attache, qui ramène la dualité à l'unité. La question devient donc de savoir si l'objectif peut être un fondement pour le non-objectif ou inversement. C'est ainsi que nous transposons la vieille querelle de l'idéalisme et du réalisme. Certes, cette question n'est pas le foyer central de la philosophie, mais elle s'en approche en nous mettant devant la possibilité de revirements tellement fondamentaux de notre « vision » des choses que seule la force infinie de la résolution de poser *en tout* un fondement nouveau peut en prévenir l'éclatement.

Quoiqu'on ne puisse partager ni les conclusions ni le gros de l'argumentation de l'idéalisme raisonnant et raisonneur de la ligne qui continue la tradition ancienne, il faut néanmoins s'accorder avec lui pour reconnaître l'impensabilité d'un être purement objectif. Celui-ci n'est autonome qu'en apparence, en faisant abstraction de ce que nous posons toujours déjà, sans y prendre garde, de concert avec la figure objective, mais qui, en tant qu'originellement non objectif, échappe naturellement, pour des raisons essentielles, à toute attention. L'idéalisme est, pour cette raison, une position originellement éloignée du « bon sens », « non naturelle », « forcée » – il est toujours sous-tendu, fût-ce sous une forme dénaturée, par l'impulsion du non-objectif, de ce qui ne peut pas s'ob-jeter. Bien sûr, l'idéalisme aime à se donner des airs de rationalisme absolu, doctrine qui se fonde sur l'évidence immédiate d'arguments objectivement rationnels ; un tel idéalisme – qui opère, par exemple, avec l'idée selon laquelle seul peut passer pour étant ce qui est un objet de la conscience, car cela seul est donné immédiatement et de manière fiable – ne peut conduire qu'à des paradoxes sans fin et s'empêtre dans ses propres nœuds ; mais même un tel idéalisme peut revendiquer une validité fondamentale pour autant que l'objet, fût-il le plus simple, de ceux que la physique regarde comme élémentaires, n'est possible qu'en vertu d'une synthèse. Seule la « synthèse » rend possible la conception, la compréhension de l'unité objective dans la diversité plus ou moins grande de ses composantes, dont chacune a cependant la signification d'une infinité en soi. Non que l'objet soit la synthèse comme telle, comme on l'affirme souvent à tort, mais il est le « résultat » et le « corrélat » d'une synthèse : d'une « conception » ou « compréhension » unitaire, dépassant toujours ce qui est donné, à l'œuvre au-delà de nos « impressions » et qui les transforme en quelque chose d'entièrement détaché d'elles.

Ce qui est originellement non objectif, n'est-il pas en revanche, effectivement, à tout le moins pensable en tant qu'autonome et fondamental ? Ce qui est un *résultat* de la

« synthèse », de la conception, de la compréhension, ne peut assurément pas en être le fondement ; mais la synthèse, la conception, la compréhension en tant qu'accomplissement, ayant un sens vital, ainsi que le non-objectif même, est pensable en tant que fondement. Cela dit, il faut dégager le concept de « fondement » de tout ce qu'y voit la pensée objective : la « substantialité » de la durée ininterrompue dans le temps objectif (la présence permanente), le caractère « subsistant » de base fiable, sur laquelle nous pourrions reposer de tout le poids de nos soucis et besoins. Et le concept de non-objectif aussi sera à purger de ce dont le cours habituel de nos pensées a tendance à le charger : à savoir qu'il serait une dimension objective d'un genre pour lequel nous n'avons pas de « catégorie ». Il ne s'agit pas d'un fondement obscur et fiable, inquestionnable et, partant, inébranlable dans son obscurité, mort et obtus dans sa fiabilité, mais d'un fondement qui vit et dont l'être – le vivre – le plus interne doit être jusqu'à un certain point apparenté à la nature de tout ce qui vit.

II

Reconnaître que l'objectif ne tient sa signification que d'un accomplissement non objectif, mais donateur de sens, accomplissement que nous avons cherché à cerner, eu égard à son caractère unitaire, par le mot « synthèse », c'est poser aussitôt la question du sens de ce synthétisme. Serait-ce à dire que toutes les choses sont seulement les miennes, qu'elles résident dans mes effectuations synthétiques privées ? Les choses ne seraient-elles toutes que les points d'intersection d'intentionnalités, et cela de mes propres intentionnalités ? C'est ainsi que nous formulons, d'une façon quelque peu nouvelle, la vieille question du solipsisme. Nous ne voulons pas analyser ici cette question dans toute son ampleur, nous nous bornerons à quelques remarques préliminaires sur le sens de l'objectivité. Les objets ont ordinairement un sens qui diffère du tout au tout selon le caractère de leur structure d'ensemble. Chaque objet qui est mien, qui m'est propre, a sens « pour moi » ; mais, précisément de la même façon, il a sens aussi « pour tous les autres », « pour n'importe qui ». Par ailleurs, l'objet a une structure signifiante différente selon qu'il s'agit d'une chose de la nature, d'un objet pratique (du besoin), du prochain (au sens restreint ou aussi plus large, englobant une bonne part du monde animal) ou d'un *abstractum*. Dans tous ces cas à l'exception du dernier, l'objet n'est pas seulement un objet, mais aussi pour ainsi dire un « partenaire », quelque chose qui existe de façon autonome, à quoi nous attribuons spontanément une « vie »[1] propre, distincte de la nôtre. En revanche, les objets abstraits et généraux, les *mathematica*, les *universalia*, les *eidê* et les rapports eidétiques n'ont pas d'intériorité propre, ils ne sont pas, pour emprunter le terme technique d'une certaine philosophie, en et pour soi, mais uniquement pour autrui. On peut distinguer plusieurs structures de signification objectives, irréductibles les unes aux autres :

1. ce qui est objectivement subjectif – le partenaire (la nature – le prochain)
2. ce qui est subjectivement objectif – nos propres « états », « évolutions », « propriétés », notre « personnalité »

---

1. Ms., biffé : une « *intériorité* ».

3. les objets du besoin (objectivement subjectifs, mais en ignorant l'aspect subjectif de l'objectivité)
4. ce qui est purement objectif – les abstractions, les *idealia*.

Le solipsisme dogmatique réduit tous ces types de signification objective à un seul – le type de l'objectivité pure, dépouillé, qui plus est, du mode « pour n'importe qui », ce qui appauvrit bien sûr et modifie la signification des autres structures objectives. Le solipsisme méthodique prend tous les types de signification objective pour des « catégories subjectives », qui ne comportent aucune garantie de leur portée suprasubjective. Elles ont beau servir à l'agencement de l'expérience, l'agencement n'est pas saisie, ni l'expérience réalité.

Les deux solipsismes sont faux : le dogmatique, parce qu'il réduit le sens de l'objectivité, l'appauvrit et le vide de l'intérieur ; le méthodique, parce qu'il[1] a affaire d'abord avec un moi sans contenu, dépourvu de monde, qui ne peut être interrogé sur son essence propre et son sens intérieur, qui n'est capable – en tant précisément que sans contenu et purement « contemplatif » – de rien d'autre que de suivre certains déroulements objectifs, dont il ne pourra jamais comprendre comment il y vient ou comment ils viennent à lui : position dont le résultat restera forcément ce qui en était le point de départ, l'abîme fondamental qui sépare le moi propre des choses, abîme qui n'est franchi qu'en apparence par des hypothèses foncièrement indécidables.

---

1. Ms., biffé : … qu'il *conçoit le rapport à autrui, ou plutôt à ses partenaires, de manière purement objective et, ne comprenant pas le non-objectif, est incapable de se rendre compte que le contact premier et fondamental se déroule encore sur le plan non objectif, que l'« objet » en est une simple explicitation détaillée, jamais menée à son terme.*

III

Nous avons défini les types et, par là, l'étendue de la synthèse objective, mais non pas son essence même. Nous avons évoqué un concept qui a pour elle, à notre avis, une importance fondamentale, à savoir le concept de « monde ». Qu'est-ce que le monde et quelle est sa signification pour la synthèse objective ?

L'on connaît bon nombre de concepts de monde ; Heidegger en a présenté une histoire concise, mais profonde dans son étude *Vom Wesen des Grundes*[1]. L'acception la plus courante est le sens « univers », *universum*, mais celui-ci n'est ni le sens le plus originel ni le plus marqué. Heidegger a montré que le κόσμος – *mundus* – le monde est en rapport avec l'homme, avec les époques essentielles de sa vie, déjà chez Héraclite, puis dans le renouveau chrétien et enfin chez Kant. Plus récemment, le concept apparenté de « monde ambiant » (*Umwelt*) est souvent employé en biologie ; le monde ambiant, compris comme une sélection génériquement typique, effectuée selon quelques principes fondamentaux dans l'environnement « objectif », caractérise l'animal non moins que sa constitution matérielle, physiologico-morphologique, et l'on a tenté d'appliquer le concept à l'homme aussi, avec les modifications idoines. Une méthode philosophiquement mieux adaptée commencerait avec l'homme pour procéder

---

1. M. Heidegger, « Vom Wesen des Grundes », dans *Festschrift Edmund Husserl zum 70. Geburtstag gewidmet* (supplément du *Jahrbuch für Philosophie und phänomenologische Forschung*), Halle, M. Niemeyer, 1929, p. 71-110 ; trad. fr. de H. Corbin : « Ce qui fait l'être-essentiel d'un fondement ou "raison" », dans *Questions I*, Paris, Gallimard, 1968, p. 86-158, surtout p. 111-132.

ensuite par élimination progressive en traitant des mondes biologiques.

Tous ces concepts ont leur légitimité, mais seul le concept originel de monde pourra nous mettre devant les yeux leur connexion plus profonde. Personne ne doute de la signification du concept d'univers, par exemple ; mais il est également indubitable que ce n'est pas là le concept originel. En effet, il n'y a point d'expérience dans laquelle il pourrait démontrer son bien-fondé ; il se fonde certes sur l'évidence du « et ainsi de suite » à l'infini dans la progression de l'expérience, mais en extrapolant, comme si la progression était d'ores et déjà arrivée à son terme et l'ensemble clos sur soi. L'univers n'est pas une simple progression régulière, mais un tout, comme une surchose, un surobjet : or, nous n'avons pas d'« intuition » qui « donnerait » un tel objet. D'un autre côté, il n'y a pas de doute que chaque expérience se déroule à l'intérieur d'un tout global qui est toujours déjà là, dès que nous disons de quelque chose que cela est ; chaque « et ainsi de suite » renvoie à ce tout ; ce n'est bien sûr pas un tout concret, un objet ou un ensemble d'objets, mais plutôt, pour ainsi dire, un tout de signification, bien que nullement de concepts ; car le concept désigne la signification sous une forme déjà pleinement objectivée, saisie (*cum-capere*). Notre vie en revanche est dominée par un tout de signification qui, source de toutes les significations objectives – de tous les concepts –, ne pourra pourtant jamais être *totalement* objectivé ; et ce tout, bien qu'il soit un tout réel, dont tous les moments se tiennent, n'est pas un concret ni une simple abstraction à partir de concrets ; et l'univers en tant que l'ensemble de toutes les choses qui existent n'est possible que sur la base de ce tout, en tant que sa paraphrase et transposition matérielle.

Le monde est donc un tout originellement et à jamais non objectif, mais qui détermine les objectivités dans leur sens. D'où vient ce tout ? Comment le « moi » y vient-il, de façon à être alors à même, à partir et à l'aide de ce tout, de dire, de n'importe quel étant, qu'il est et ce qu'il est ? L'accent mis sur la non-objectivité du monde indique déjà que le « moi » n'y vient pas comme il accède aux contenus objectifs qui ont pour nous le caractère d'une survenance du dehors, quelque chose qui est exempt de tout rapport essentiel, de tout droit vis-à-vis de nous, comme nous vis-à-vis lui. D'autre part, le monde n'est pas notre subjectivité propre, n'étant pas l'entité concrète qu'est celle-ci ;[1] il est plutôt le projet, le plan d'ouverture du chemin qu'est la subjectivité ; comme ce plan, le chemin aussi découle de la subjectivité, mais tandis que la subjectivité pure demeure en elle-même, ici, dans le monde, elle se surmonte, s'amplifie non seulement par-delà ses propres limites, mais par-dessus tout ce qui dans notre expérience pourra jamais se présenter comme objectif. Aussi est-ce le monde qui révèle, on ne peut plus clairement, que l'intériorité humaine n'est pas originellement close sur soi, mais tend à sortir d'elle-même.

Le mot tchèque *svět* (monde) rend particulièrement bien ce dont il s'agit dans le phénomène du monde fondamental ; en effet, *svět* est un terme qui désigne initialement la lumière (*světlo*)[2], soit, en l'occurrence, la lumière de la vie. Et, de fait, le monde fondamental n'est

---

1. La fin du paragraphe, *grosso modo* à partir d'ici, a été biffée d'un unique et très léger trait diagonal.

2. Voir aussi J. Patočka, « Études sur le concept de monde I », § 6, dans *Carnets philosophiques 1945-1950*, trad. E. Abrams, Paris, Vrin, 2021, p. 58.

rien d'autre que la clarté qui, certes, est rendue possible par nous – par ce que nous avons désigné comme *chemin* –, mais qui, d'autre part, rend à son tour possible le chemin en créant une orientation, en nous permettant de comprendre ce qui nous entoure et ce qui prend forme en nous, sous quel regard et quelle égide. Le cheminement même produit sa propre lumière, et la lumière est une partie intégrante du cheminement comme tel – elle ne peut être comprise comme θεωρία indifférente, ni la vie elle-même comme quelque chose qui serait d'abord intérieurement aveugle, qui ne « viendrait » à sa clarté qu'accessoirement et de façon contingente, comme c'est d'ordinaire le cas dans les conceptions « biologiques » de la nature et de la genèse de la façon dont la vie se vit et se sent elle-même. En effet, il faut souligner toujours à nouveau que, dès lors que l'explication de la vie commence du côté objectif – quels qu'en soient les avantages, pratiques et théorétiques –, elle ne pourra jamais franchir l'abîme ontique qui s'ouvre entre intérieur et extérieur, vivant et mort, concret et abstrait, voyant et simplement vu.

La lumière qu'est le monde se déverse dans trois courants ou, pour utiliser une autre image, trois dimensions, dont aucune n'existe sans les autres. Ces trois orientations sont cependant originellement réunies dans une unité tellement simple et inapparente qu'elle paraît même accessoire et insignifiante, l'unité des tonalités affectives indifférenciées ; cela dit, la tonalité n'est pas à prendre comme dans les analyses de la psychologie objectivante, pour laquelle elle est d'ores et déjà un *objet*, une unité qualitative dépourvue de sens. La tonalité affective est à expliciter à partir de la tonalité, en la laissant se porter elle-même à la parole dans la manière dont elle crée du sens, et non pas selon la façon dont elle se présente au regard. Ainsi objectivée, la tonalité affective est toujours déjà un « état subjectif », tandis qu'originellement il s'y découvre non seulement comment *je suis* disposé, mais en même temps ce qu'« il en est », voire, encore avant : les choses se découvrent à la lumière d'un diapason, sous un jour « rose », « bleuté », « chagrin », et la tonalité affective n'est jamais seulement et exclusivement la nôtre propre, mais toujours dans un rapport à autrui, que ces autres nous soient présents ou non, proches ou lointains, empiriquement atteignables ou à jamais séparés de nous.

Que la vie tonalisée se trouve parmi les choses en *s'accordant à leur diapason*, cela donne naissance à une *situation* qui, bien sûr, se distingue essentiellement d'une simple *constellation* objective ; tandis que la constellation peut être embrassée du regard, la situation est par essence non objective, impénétrable. Chaque tentative pour embrasser la situation du regard est simplement un moment de la situation, elle ne sort pas des limites de celle-ci, comme il le faudrait pour que l'objectivation soit complète. On ne peut pas se dégager de la situation, on ne peut que passer de l'une à l'autre, faire naître l'une de l'autre, tomber de l'une dans l'autre ; et chaque situation, si « facile », « agréable » et stable soit-elle, réclame une « solution » – en cela la situation se révèle un simple segment abstractif de l'idée globale et plus fondamentale du *chemin* qu'est la vie. Comme la lumière par laquelle notre cheminement s'oriente est celle qui nous sert à voir clair dans les situations, le monde originel est un monde situationnel.

Aussi les objets que rencontre notre chemin nous répercutent-ils la clarté de certaines significations situationnelles dont la place n'est pas originellement dans les réalités mêmes, mais dans la compréhension préalable que nous en avons et que nous avons nommée « monde ». Le chez-soi et l'étranger ; la sphère de ce qui est relativement connu, où nous trouvons à nous employer, et la nature ; au sein de la nature, derechef, ce qui est proche et connu, maîtrisé, et le lointain impénétré, élémentaire, obscur et incompris – voilà les sphères entre lesquelles notre monde scande *grosso modo* l'objectivité et qui contiennent donc un reflet de sa clarté originelle.

La situation dans laquelle nous nous trouvons est, *quant aux choses*, d'une *ampleur*, d'une ouverture qui varie à différents moments. Il y a des situations auxquelles l'univers entier semble prendre part, d'autres où tout s'éclipse hormis nos quatre murs, et ces murs même ne nous parlent qu'en symbole de l'oppression accablante qui chercherait en vain la moindre fissure dans la maçonnerie lisse de l'étant. Quelque chose en nous nous ouvre ou ferme l'accès aux choses étantes de notre environnement ; et dans cette « ouverture » ou « fermeture » entrent en jeu les traits de l'étant au diapason desquels justement notre tonalité affective nous « accorde », ceux qui, dans le « registre » qui est alors le nôtre, sur le plan de la vie où nous évoluons, sont à même de nous interpeller et d'influencer notre situation. Ainsi la vie s'étend non seulement comme un chemin parmi les choses, mais également sur différents « plans » où elle occupe des « registres » reliés entre eux par des liens multiples, mais toujours d'abord occultés.

Chaque « registre » de la vie est la sphère d'une certaine « fin » vitale et des « moyens » sous les espèces desquels les objectivités y apparaissent ; bien sûr, ce ne sont pas que des moyens au sens explicite et positif de ce terme, mais aussi bien des obstacles, des occasions propices ou adverses, ce qui répond à nos désirs les plus secrets, les surpasse ou reste loin en deçà, étanche notre soif ou au contraire l'enflamme au plus haut point. Chacun de ces plans peut nous absorber aussi pleinement que s'il était déjà en lui-même le monde, comme si la vraie vie se déroulait sur ce seul plan, hors lequel tout ne serait qu'illusion, excentricité, perte d'équilibre. Il y a aussi dans la « vie normale » quelque chose comme un carrousel de registres qui se relaient et s'étreignent l'un l'autre à un rythme qui, pour un regard aiguisé (exclu dans la vie propre), a quelque chose de vertigineux : le rythme des registres « diurnes » et « nocturnes », dont les premiers tendent vers la clarté et la distinction de l'individuation, tandis que les autres ont pour point de fuite la volupté de la fusion, de l'indifférenciation, de l'union secrète et totale. Comme si la vie respirait à travers ces deux trames entremêlées.

Pour l'homme moderne, domestiqué pour ainsi dire, qui grandit dans la sécurité relative d'une vie somme toute à couvert, le plan le plus étendu et le plus fréquent est celui des occupations diurnes banales et du travail qui a été qualifié de plan de la quotidienneté[1]. La vie ici fonctionne sans agitation ni perturbation de sa cadence mécanique, sans arythmie. Comme si elle se vivait sans nous et que seules nous fussent réservées des initiatives insignifiantes et quasi automatiques. Non que l'homme sur ce plan ne sache pas qu'il y a d'autres possibilités ; au contraire, un trouble et une insatisfaction refoulés grondent toujours sous la surface. C'est en général le propre de chaque registre

---

1. Voir aussi J. Patočka, « Études sur le concept de monde I », § 8, dans *Carnets philosophiques...*, p. 61.

vital que l'ensemble de la vie s'y projette et que, de ce fait, le plan apparaît comme la vie même : de même que c'est le propre de la vie de ne jamais pouvoir être intégrale, mais d'être essentiellement éclatée en possibilités non coïncidentes, voire contradictoires. La sobriété de la vie banale porte sur les autres registres vitaux un regard oblique d'envie et de ressentiment ; elle les méprise, sous-estime, dénigre, passe sous silence, mais de ce fait même elle montre qu'elle en possède en quelque façon un « savoir ». De même, le registre vital dans lequel évolue le joueur, l'aventurier, le toxicomane « sait » qu'existe la « normalité » dont il s'est écarté et qu'il évite comme possibilité éminemment pénible et perturbatrice. C'est le « réveil » à la lumière de la sobre réalité, à sa clarté froide et comme artificielle, toujours à portée de la main pour peu qu'il appuie sur l'interrupteur, qui est à ses yeux l'« inauthentique », l'« impropre ». Il n'y a pas de doute qu'à côté des registres pour ainsi dire publics, fréquentés par la plupart d'entre nous, il y a des registres privés, exceptionnels, qui ne sont pas directement exprimables, car nous manquons de termes pour les désigner. On peut caractériser avec finesse et précision la différence entre le registre d'enchantement érotique où vit Chérubin et le plan de l'aventure charnelle éternellement renouvelée qui est celui du chevalier de Faublas et de Casanova, comme entre celui-ci et le plan du démonisme érotico-sexuel qui retient prisonnier don Juan ; mais la différence de registre vital entre le don Juan de Mozart et celui de Molière est plus subtile, et pourtant certaine ; de même, la différence entre le chevalier avare de Pouchkine et Gobseck ; ici, la caractérisation, pour autant qu'elle ne s'en tienne pas à l'adventice, ne sera souvent qu'un mouvement de lèvres muettes.

Un même plan de vie peut accueillir une multiplicité de tonalités affectives, et pourtant c'est dans les tonalités que se découvrent le plan et le registre vital. Plan ou registre qui seuls alors rendent possibles les accomplissements singuliers dans lesquels nous cherchons, par une pression active du moi propre, à traduire dans la réalité les buts découverts passivement, avant que nous ne sachions en prendre conscience de manière réflexive. Nous pouvons dire ainsi que chaque registre est comme un appel sommant le moi propre de prendre position, et c'est en effet par ses positions que le « moi » répond avant tout au champ de vie ouvert dans le registre. La position ou attitude est l'habitualité de la réponse par laquelle nous apportons une solution à la situation vitale d'un plan donné. Les positions ne sont pas arbitrairement possibles et choisissables dans n'importe quel registre ; ainsi la position réflexive ou l'ironie, par exemple, ne sont pas possibles dans les registres qui se signalent par un manque total de distance, dans le registre purement biologique ou, au contraire, purement spirituel – il y a une certaine espèce de sainteté sans réflexion (par exemple, dans *Les trois vieillards* de Tolstoï[1]). Tenter de faire valoir une attitude relevant d'un registre dans un autre, par exemple le comique qui prend tout à la légère, chez lui dans cette camaraderie de la vie courante, prosaïque, qui appartient essentiellement à la fraternité du « bon sens », là où les certitudes vitales sont ébranlées, produit un effet grotesque et « rabaisse le niveau » de la vie – d'un autre côté, mis en œuvre de façon poétique, il peut suggérer

1. Conte de 1884 publié dans les *Récits populaires*. Voir trad. fr. de J.-W. Bienstock dans L.N. Tolstoï, *Œuvres complètes*, vol. 19, Paris, Stock, 1908, p. 439-450.

comme rien d'autre l'impression de la polyphonie vitale. – Ainsi la tonalité propre aux registres vitaux, en appelant à résoudre la situation, est en même temps une « perspective » ouverte sur les possibilités personnelles dans ces registres, sur soi-même.

Il y a encore une dimension dans laquelle le monde originel s'explique quant à sa signification, sur le plan chaque fois congruent – c'est la dimension de ceux avec qui ou eu égard à qui nous vivons notre vie. Chaque plan vital a aussi son « co-monde »[1], c'est-à-dire l'ensemble de ceux avec qui, pour qui, eu égard à qui nous vivons ; ce sont, selon les circonstances, des compagnons, camarades, associés *fortuits* – ou nos plus proches, *devenus comme une partie essentielle de nous-mêmes* ; le rapport à ceux qui nous sont ainsi essentiellement proches ne se limite pas aux contacts empiriques, mais devient une vie sous l'angle de leur regard, si bien qu'il entre dans ce rapport personnel quelque chose d'absolu, et la vie avec nos proches devient une lutte pour cet absolu à l'aspect relatif. On pourrait aller jusqu'à dire que certaines œuvres d'art, de poésie, de musique ont été créées sous le regard d'êtres supérieurs aux hommes ou, au contraire, de démons, ce qui, bien sûr, n'implique rien quant à l'existence « réelle » de tels êtres ; et il est clair aussi que la vie du chrétien est une vie sous l'œil de Dieu, qui pénètre les replis les plus secrets du cœur.

1. Voir aussi J. Patočka, « Études sur le concept de monde I », § 9, dans *Carnets philosophiques...*, p. 66-69.

IV

Chaque synthèse présuppose donc un tout non explicite créateur de signification, le monde originel, dont la lumière ne peut nous parvenir qu'en se réverbérant sur ce qui se présente là-devant. Elle présuppose cependant autre chose encore, à quoi elle s'applique et qu'elle « appréhende » et « explique » comme son matériel présenté. La « présentation sensible » a une importance fondamentale, du moins pour tout notre commerce avec les réalités ; tous les objets y renvoient d'une manière ou d'une autre, fût-ce négativement, s'ils n'apparaissent pas carrément sous son manteau. Que signifie la sensibilité, qu'est-elle dans son fond ? Nous arrivons nécessairement à cette vieille croix de la philosophie en cherchant à comprendre la nature de la compréhension synthétique de l'objectivité.

Le problème de la sensibilité peut être posé sous la forme d'une antinomie. La sensibilité, c'est la pure présence de *l'objet*, partant, de quelque chose qui, dans son être, nous est étranger ; d'un autre côté, c'est *la présence* de l'objet, donc quelque chose de subjectif. Si le contact avec un autre étant est donné quelque part, ce doit bien être ici, et l'impression immédiate semble témoigner avec vigueur en ce sens ; la chose même est présente dès lors qu'elle est donnée « en chair et en os », donnée aux sens, et cela dans la pleine force et richesse de la sensibilité (non dans la richesse dérivée de la sensibilité imaginaire ou fantastique). D'un autre côté, le contact, le toucher désigne quelque chose qui se déroule au-dedans de moi, il est donc essentiellement mien, propre à moi : l'attouchement est un concept « dialectique » d'une ambivalence qui ne le cède pas à celle du concept connu de commencement.

Les problèmes de la sensibilité sont ainsi des questions du contact vital, du contact de vie à vie ; cela signifie en même temps que la sensibilité au sens propre du terme ne peut émerger que là où deux êtres se font face expressément, et non pas seulement en puissance ; la sensibilité est liée au divorce au moins rudimentaire du sujet et de l'objet. Et nous avons là une seconde antinomie de la sensibilité : l'*immédiateté* du contact présuppose une indifférenciation du sujet et de l'objet que le fait du *contact* dément principiellement.

Une grande partie de la philosophie moderne de l'*aisthêsis* se meut dans les limites de ces oppositions, pour autant qu'elle ne la prenne pas pour une simple donnée aveugle, un fait à l'instar des faits purement objectifs des sciences de la nature, ou – ce qui n'est qu'une autre face de la même chose – qu'elle ne prenne pas le monde sensible, lui aussi, pour une « construction subjective ». Ainsi la doctrine kantienne de l'intuition, de ses formes et de sa diversité empirique est au fond une doctrine du contact : doctrine de ces confins singuliers où les objectivités, en elles-mêmes inaccessibles, peuvent se présenter au bord même de l'autre être qui, par sa constitution interne, se porte au-devant d'elles. C'est la doctrine d'un règne singulier qui n'est ni celui des entités étrangères comme telles ni celui de notre propre être intérieur, mais s'étend aux confins des deux, région qui, par la force de ce contact, est seule éclairée et donne naissance à ce qui, seul au monde, est clair – à savoir l'objectivité. De surcroît, les formes intuitives en tant que seuls modes possibles de la compréhension de quelque chose qui existe en dehors de nous, répercutées en une guise objective, sont un témoignage de l'unité originelle du subjectif et de l'objectif sans laquelle aucun contact ne serait possible.

Les théories modernes de la perception, pour autant que, comme celles de Bergson et de Klages, elles cherchent à atteindre dans le contact sensible une réalité autre et vivante, se meuvent dans l'élément de la seconde antinomie. Pour Bergson, la qualité sentie est une fusion du propre mouvement vital et de celui d'un autre; le « *Schau* » de Klages[1] est la vie pure, en dehors de l'opposition de l'intériorité et de l'extériorité et antérieure à elle. C'est seulement en subissant une élaboration intellectuelle ou « spirituelle » que cette indifférenciation vitale devient une qualité objectivée, l'*aisthêsis* chosifiée des physiologistes et des psychologues, ayant son fondement dans le commerce pratique avec les choses de notre vie quotidienne.

Si nous voulons pour notre part prendre position dans la question de l'*aisthêsis*, et il le faudra si nous voulons comprendre le caractère « synthétique » de la compréhension des objets, nous devrons d'abord passer à nouveau en revue les données de la question.

1. Dans l'*aisthêsis* il s'agit du contact avec un autre être, c'est-à-dire que notre compréhension des êtres y rencontre quelque chose qui lui « répond », si bien qu'elle nous en renvoie pour ainsi dire la clarté; l'*aisthêsis* doit être caractérisée par l'identité dans la différence.

2. L'*aisthêsis* n'est pas une « chose » et n'a pour fondement rien d'objectif et de mort, au contraire, elle est essentiellement en mouvement, susceptible d'« affinement »

---

1. L'« aspect » en son sens primitif de « regard, vue ». Cf. L. Klages, *Der Geist als Widersacher der Seele*, t. 3-1 : *Die Lehre von der Wirklichkeit der Bilder*, Leipzig, J.A. Barth, 1932, chap. 55, p. 803-804 et passim.

ou de « confusion » selon les besoins et les registres, ainsi, et surtout, que d'« élaboration intellectuelle ».

3. Le contact dans l'*aisthêsis* est un toucher de la vie, non pas de la simple extériorité ; l'extériorité elle-même n'est rien d'autre que ce contact.

Ainsi nous observons dans l'*aisthêsis* une relationnalité multiple : il y a en elle à la fois la fusion avec l'autre et la différence qui met à part de lui ; le chemin vers une intériorité étrangère, atteinte à divers degrés de profondeur ; un renvoi à la compréhension propre, notamment émotionnelle, qui est inséparable du vivre et peut comprendre même une « vie » qui n'est pas elle-même compréhension.

Or, il s'ensuit, en premier lieu, que l'*aisthêsis* ne peut être réduite, comme cela se fait d'ordinaire, au schéma duel sujet-objet. Il n'y a pas là seulement mon vivre, face auquel se tient le vécu, mais à tout le moins une autre vie encore, compréhensive ou non, gravitant au-dedans d'elle-même et « inconsciente » ou excentrique et transcendante, comme la nôtre. L'*aisthêsis* n'est jamais « présentation pure », il y a toujours en elle une *expression* ; l'*aisthêsis* n'est possible qu'en tant qu'expression[1], bien que cet aspect fondamental puisse être occulté par de tout autres points de vue que nous apportons à l'*aisthêsis* et auxquels nous nous plaçons. Nous ferons remarquer que le mot « expression » est pris ici au sens large, qui englobe aussi bien les actes, les effectuations, que les mouvements et manifestations expressifs au sens restreint du terme.

On a souvent déjà souligné que la sensation ne donne pas seulement des « qualités » mortes (Husserl parle de

---

1. Voir aussi J. Patočka, « Études sur le concept de monde I », § 13, dans *Carnets philosophiques*..., p. 77-80.

« données hylétiques »), mais des traits singuliers, des caractères que nous comprenons le plus souvent comme quelque chose de vivant et que nous percevons sans aucune « projection », si bien que ce n'est pas notre *expérience* propre qui en répond, mais bien la compréhension principielle du vivant, à l'œuvre en nous. Ces traits particuliers, qui recouvrent une pluralité de champs sensibles, sont pour nous des re-stitutions[1] immédiates du vécu ; nous sentons en eux quelque chose de pareil, d'identique à la vie même, et ils sont à la racine de toutes les métaphores à travers lesquelles nous pouvons nous exprimer sur notre vécu. C'est seulement parce que nous les comprenons et expérimentons en tant que vivants que nous pouvons saisir subséquemment la vie même par leur moyen. Un exemple connu est celui de l'acuité d'une aiguille, d'un sifflement, d'un refus, d'une douleur. L'on a constaté aussi empiriquement, et non de façon purement spéculative, que la synesthésie (qui tient à de tels caractères vivants) et les analogies de caractère dans les domaines les plus divers (par exemple l'opposition clair-obscur dans le visuel et

---

1. Patočka décompose ici en ses deux éléments signifiants le substantif *obraz*, dont le sens courant est « image ». Dans *ob-raz*, le préfixe *ob-* indique un mouvement en retour ou d'entour, la racine *raz*, que les dictionnaires étymologiques mettent en rapport avec le grec ῥήγνυμι (faire jaillir) et qui vit dans des verbes comme *razit* (frapper monnaie) ou *řezat* (sculpter), l'idée de façonner, de tailler une figure. Le rapport avec l'« expression » (*výraz*) est évident et les éditeurs tchèques suggèrent d'y voir une manière d'« empreinte » (*otisk*). Peut-être pourrait-on se demander aussi – comme Patočka n'a inséré le trait d'union qu'ici, dans une correction au-dessus de la ligne (dans la suite du texte, il écrira *obraz* et nous traduirons *image*) – si cette graphie ne veut pas mettre en relief la proximité réelle entre les mots *obraz* (image) et *odraz* (reflet), renvoyant ainsi à la « répercussion » ou « réverbération » dont il a été plus d'une fois question dans ce qui précède (cf. p. 104, 110-111).

l'olfactif) sont quelque chose de répandu dans toute l'étendue de la sensation animale. Mais même les « qualités », bien plus spécifiques et plus massives que les caractères, ne sont pas sans « vie » intérieure ; les valeurs chromatiques, par exemple, sont chargées de dynamisme et il y a des caractères, notamment affectifs, qui ne peuvent s'en passer en tant que porteurs. La mélancolie ou la jubilation d'un paysage sont données dans ses qualités de couleur et de forme et inséparables de l'*impression individuelle* de *cette* mélancolie ou de *cette* exubérance.

Nous ne pouvons saisir les caractères d'objet vivants que parce que le commerce avec le vivant, la compréhension du vivant constitue l'une des ultimes frontières de notre monde intime, parce que figure au nombre de nos possibilités originelles la vie au sein du vivant. La mélancolie, la joie, la jubilation, la sérénité, l'apathie, le calme, l'indifférence, la dureté, la fougue, nous ne pouvons saisir tout cela dans l'*aisthêsis* comme autant de données que parce que nos propres vécus de la mélancolie, de la joie, de l'indifférence, de la rebuffade, de l'abattement, ont pour ainsi dire dissout en eux la connexion objective, parce qu'ils ne sont eux-mêmes rien d'autre qu'une implication de situations concrètes telles que celles que nous comprenons dans ces vécus. Dans nos vécus il se cache donc autre chose, davantage que le vécu ; si nous qualifions notre vivre de subjectif, il est à la fois plus que subjectif ; il y a en lui, dans la partie qui nous est purement propre, la partie émotionnelle-affective, une indifférenciation du sujet et de l'objet. Dans le purement subjectif nous sommes là, d'ores et déjà, au-delà des limites du sujet pur et simple, isolé de l'objectivité ; et cette indifférenciation est l'un des termes, l'une des limites du règne qu'occupe l'*aisthêsis*.

L'indifférenciation du sujet et de l'objet que nous percevons en nous-mêmes n'est pas absolue, elle n'est pas consistance en soi, mais plutôt simple possibilisation du chemin propre, possibilisation de la lumière qui éclaire le chemin propre ; elle ne s'expérimente pas, ne jouit pas d'elle-même comme fin en soi, mais pour quelque chose qui est en dehors d'elle, pour le propre vivre autonome. Or, si la vie a, précisément par ce qui en elle dépasse l'opposition du subjectif et de l'objectif, la capacité de rencontrer une autre vie, cela même qui constitue la limite supérieure de l'*aisthêsis* devra en former aussi la limite inférieure : l'indifférenciation du sujet et de l'objet, cette fois cependant close sur soi, non excentrique, concentrée en elle-même – et *cette* identité, cette vitalité pure, qui, pour cette raison, ne connaît pas d'opposition entre intérieur et extérieur, c'est la *pure image*. L'*aisthêsis* part donc de la pure image, mais elle ne possède jamais cette « image » sous une forme non altérée ; en effet, l'image pure est quelque chose d'insaisissable et d'indiciblement vivant, de même que notre propre vie « intérieure » la plus secrète, qui se déploie en toute spontanéité. En réalité, les registres psychiques orientés sur une telle vitalité pure sont, comme nous venons de le dire, une simple limite de notre vécu, ce n'est qu'exceptionnellement que notre vie est une insertion harmonique dans la vie de la nature, en communion et en consonance avec elle. La strate fondamentale de l'*aisthêsis* n'en est pas moins cette consonance, cette sympathie : percevoir, c'est, au fond, sympathiser, prendre part à la vie qui nous dépasse.

D'un autre côté, cela même qui nous met à part de la vie universelle, les possibilités intérieures qui sont les nôtres, en vue desquelles nous vivons et qui font de nous un être qui doit assumer le souci de soi-même, un être qui ne vit pas dans la non-problématicité de la vie absolue, mais pour lequel être a le sens d'une *tâche*, fait que nous ne comprenons pas normalement les choses à partir d'elles-mêmes, mais par rapport à nous. Elles ne sont pas pour nous l'archi-vie (*veleživot*), mais des moyens en vue de notre propre existence et de ses fins autocentrées. Aussi chaque simple « donnée » esthésique, sympathétiquement assimilée, doit-elle être soumise à une « conception » synthétique, qui en fait un moment de *notre* environnement, une composante de *notre* situation, bref quelque chose de fondé dans *notre* monde et relatif à lui.

Là commence le tissage de la vitalité harmonisée en un réseau de significations dont la ramification peut être suivie à l'infini dans la réflexion logique subséquente. Il se bâtit, dans une déterminité univoque, des unités, des distinctions, des raccords, des trames d'action et les relations entre eux. L'intentionnalité « d'horizon » du vivre émotionnel, diffuse et confuse, le cède à l'intentionnalité « d'acte » explicite, dans laquelle s'investit le *fiat* exprès de notre moi, et cette intentionnalité ne se borne plus à un simple déploiement en « image », en « donnée », mais bien « vise » à travers cette donnée la déterminité chosique et construit ainsi un univers « transcendant », l'univers des réalités, dans une corrélation polaire avec le vécu. Bien sûr, les réalités dont il s'agit ne sont pas originellement de « pures objectivités », à l'instar des objets des sciences modernes de la nature ; vit en eux aussi, voire précisément en eux vit aussi une conscience singulière d'horizon qui serait le mieux désignée, comme au chapitre précédent, comme l'horizon d'un certain plan vital, du domaine téléologique dans lequel justement notre chemin chemine.

Le plan des occupations normales dans lequel s'enracine notre « programme » quotidien, la prescription des activités qui s'y inscrivent, est le corrélat des *objets du besoin journalier*. C'est ici qu'a sa place le paysage, ainsi que nos lieux de vie et d'habitation, de travail, de « divertissement » ; ici que sont les routes et les communications ; ici, les moyens de transport, les outils et les instruments que nous manions, le tout corrélatif et adapté à nos capacités à nous orienter et à agir parmi les « choses ». Ici que se joue l'alternance régulière de nos « occupations » et de nos « besoins » ; le temps pour œuvrer, le temps pour manger, le temps pour le divertissement, la récréation ; l'intérêt pour les choses y est en même temps intérêt pour nous-mêmes ; les choses sont les choses de nos « besoins », ce dont nous faisons usage, que nous consommons, à quoi nous pourvoyons, que nous dominons – et qui *ipso facto* nous domine.

V

Le fait d'entrevoir, aux confins de la compréhension humaine des choses, la nature pure, la pure indifférenciation, close sur soi, du sujet et de l'objet, a entraîné un changement fondamental dans notre conception de la phénoménologie transcendantale ; il devient donc nécessaire de revoir aussi notre rapport à différents segments de la problématique philosophique. Ainsi, pour l'idée husserlienne de la phénoménologie transcendantale, encore trop orientée, nous semble-t-il, sur la strate centrale de la vie, celle des actes et de la conscience, tous les problèmes d'une objectivité autonome deviennent caducs, cette objectivité n'étant à ses yeux que le point d'intersection des intentionnalités ; le monde réel est simplement le produit constitutif de la « communauté transcendantale », du « nous transcendantal », et le sens de toute objectivité en devient trop clair, cristallin – l'objectivité est le simple véhicule de la communauté des subjectivités transcendantales, but de leur co-constitution et moyen de leur contact. De ce fait, certains problèmes classiques de la philosophie, dont, notamment, celui désigné d'ordinaire comme « le problème psychophysique », sont liquidés en tant que faux problèmes, qui n'auraient pas lieu d'être ; en effet, le monde matériel est une tranche du monde constitué et le psychique objectif lui aussi une constitution, c'est-à-dire un résultat de l'objectivation progressive à laquelle l'on réduit en définitive tous les problèmes : on en restera finalement au fait de la « localisation » du psychique objectif « dans » l'organisme vivant, ou disons plutôt à un certain parallélisme que l'objectivation constitutive postule naturellement et nécessairement à l'échelon de la « nature objective », sans pour autant qu'il s'agisse de la relation réciproque de deux substances « métaphysiques ».

Pour notre part, la situation nous est apparue tout autrement. Sans doute, nous maintenons l'idée fondamentale de l'absurdité de tout « réalisme » (comme de tout « idéalisme » subjectif), voire nous l'accentuons, pour autant que cela sert à assurer la non-originarité ontologique de l'objectivité pure. Mais la nature en tant qu'imagée, en tant que vivante, n'est pas pure objectivité, au contraire, elle est sujet-objet, quoique de sens contraire à celui qui est une co-composante tellement fondamentale de notre vécu. Et dès lors l'autonomie de la nature reprend son sens et, avec elle, le problème « psychophysique » – et il faudra dire ici quelques mots de ce problème.

Traditionnellement, le « problème psychophysique »
est posé comme question du rapport réciproque de deux
« substances », soit de deux objets, l'un conçu
extensivement, l'autre intensivement. Avec la position
transcendantale de la question philosophique, il devient
très vite impossible de poser ainsi le rapport entre
l'« intériorité » et les « objets » en termes purement
objectifs, et la forme traditionnelle de la question psychophysique apparaît donc comme absurde. Pourtant, ici aussi
la question a au bout du compte un sens, que nous voulons
au moins indiquer à présent.

Notre environnement normal n'est pas la nature
originelle. Il a beau être formé pour ainsi dire à partir du
matériel naturel, il est déjà à tel point objectivé, compris
à tel point comme un pur objet sans vie propre, découpé
puis recomposé par des synthèses infiniment complexes,
que, pour la plupart, il ne nous est qu'exceptionnellement
possible de rencontrer la nature véritable qui, tel un flux
immense, harmonique, rythmique, forme la frontière même
du monde objectif, lequel n'est ni possible ni connaissable,
saisissable, sans ce socle. On ne peut parler de cette nature-là
qu'indirectement, par analogie et symbole, car toute
expression est objective et l'objectif en totalité est ici
inadéquat. Or, c'est ici, dans cette sphère si difficilement
accessible, que notre question a sa place. Cette nature est
une dans la multiplicité, multiple dans l'unité, centre des
centres, et à ces centres « correspondent » dans notre monde
objectivé certaines unités, par exemple les organismes.
Afin de pouvoir formuler le problème, nous devons donc
le traduire dans le discours objectif de notre environnement
articulé, mais pour le projeter derechef au plan primitif,
indifférencié, où il n'y a ni objets, ni propriétés objectives

ni relations causales régies par des « lois », mais seulement l'unité de l'action qualitative dynamique.

La question est à présent de savoir comment il est en général possible que l'essentiellement non-objectif entre dans le monde des objets, et la réponse : que cela ne se peut qu'en tant que consonance de la double indifférence du sujet et de l'objet. C'est uniquement parce que le vécu s'« explique » ou se « remplit » dans des images vivantes qu'il peut arriver que se mette en marche tout le processus complexe d'objectivation qui suit. La sensation, la perception est originellement une consonance sympathique ; mais comment comprendre alors que dans le monde objectif elle soit liée toujours à l'activité de l'organisme, en particulier de certaines de ses parties, et cela justement des parties avec lesquelles il ne « consonne » jamais, qu'essentiellement jamais il ne perçoit. Quel est le rôle du corps dans le vécu, que fait-il, comment y participe-t-il ? Cette participation n'est-elle pas elle-même vécue en quelque façon ? Tout cela, ce sont des termes du « problème psychophysique » tel que nous le comprenons.

Ce qui est caractéristique de l'homme, ce n'est pas d'être dans un corps, mais d'être *parmi les choses* ; ce n'est pas la consonance avec le corps, mais avec l'univers (et avec le corps seulement en tant que partie de l'univers). L'organisme corporel lui-même n'est donc qu'un organe d'orientation *dans les choses*, et non pas comme tel un *objet* de notre orientation. Sans doute, nous le percevons ; nous consonnons avec lui aussi, plus précisément avec son activité dans l'*état vigile*. Comme Bergson déjà l'a montré, la fonction principale de la corporéité est l'attention à la vie, à l'action. C'est cette activité de l'organisme qui, entraînant notre être le plus propre, essentiellement intérieur, fait que l'intériorité, elle-même saturée à l'excès, dans son indifférenciation, d'objectivité potentielle, cristallise dans les images d'une situation, que l'intériorité (*niternost*) qui n'est que cela s'épanouit en ses remplissements infinis. Ainsi l'acte de la sensation originelle est quelque chose qui se déroule à la fois en nous et en dehors de nous, qui est à la fois nôtre et universel. –

Ces indications une fois données, nous pouvons prendre position dans la question du parallélisme ou de l'interaction. La position qui découle de ce qui précède n'est pas simple, et les deux thèses y jouent un rôle, quoique un rôle différent de celui que l'un et l'autre concept ont été forgés pour remplir.

Il est clair qu'il ne peut jamais y avoir de parallélisme entre deux étants qui seraient ontologiquement tout à fait incomparables, mais seulement là où les étants mis en parallèle se placent en même temps au plan de l'objectivité. De même, cependant, l'interaction aussi est une doctrine pour laquelle, sans doute, le « subjectif » peut signifier (encore que ce ne soit certainement pas le cas de ses expressions historiques) un non-objectif radical, mais l'objet y est compris comme objectivité *absolue*. Pour Husserl, le problème latent dans la thèse de l'intercommunication harmonique des subjectivités transcendantales, dans l'unité du « nous » transcendantal, se résout par la téléologie de la constitution universelle. Comme cette position a été ici modifiée pour aboutir à l'idée de la consonance harmonique de la nature avec l'« intériorité »[1] et de l'intériorité avec la nature sur la base de l'indifférenciation originelle du sujet et de l'objet, nous

---

1. Ms., biffé : de la nature avec l'« *esprit* »…

ne pouvons adhérer ni à la théorie de l'interaction, si nous ne voulons pas comprendre seulement par là quelque chose qui exprime les relations données de manière abstraite, formelle et inadéquate, ni au parallélisme, qui manque de toute assise ontologique, même formelle. Il faut ajouter cependant que le parallélisme et l'interaction sont l'un et l'autre des théories qui ont un fondement *in re* dans la nécessité de l'objectivation et dans son universalisation progressive. Attendu que le contact avec les « choses » se trouve aux fondements de la vie et que notre propre accomplissement originel, non objectif, ne peut jamais être objectivé de manière primaire, positive et adéquate, il s'ensuit une tendance nécessaire à comprendre la totalité de l'étant de manière objective, et ainsi notre « compréhension » non objective de nous-mêmes, de notre fonctionnement, de notre activité, de notre accomplissement, est elle aussi prise en vue nécessairement sous l'angle de l'objectivité ; il se produit, dans différentes orientations et différentes connexions finales, sous l'angle de la dualité logique sujet-objet, différentes objectivations de soi en tant qu'unité « psychique » et psychophysique, lesquelles sont alors scientifiquement affinées pour donner les concepts d'« actes », de « positions », de « dispositions », de « tendances », de « pulsions », de « structures », etc. Dans la science psychologique nous sommes donc en présence d'une objectivation déjà bien avancée et qui, comme toute objectivation (*objektivace*), a un but idéal, à savoir l'objectivation (*zpředmětnění*) universelle, l'univers en tant qu'objet absolu. Le parallélisme est une étape importante sur le chemin de cette objectivation ; grâce à lui chaque « subjectif » devient une certaine « face » de l'objectif, en connexion univoque avec celui-ci, et ainsi se prépare la possibilité d'une disparition complète de la différence, comme dans le nouveau parallélisme ou disons plutôt l'objectivisme d'ores et déjà absolu de certaines conceptions de la psychologie de la forme, où le psychique est compris comme aspect total, qualité de forme des processus nerveux. Une telle conception peut être conséquente en elle-même, pour autant que puisse être conséquent et cohérent le concept d'un objet fondé dans son être de manière autonome ; à l'exclusion donc des questions de la connaissance, de la compréhension, de la vérité, comme aussi de celles qui, au sens le plus profond, touchent à notre vie propre, non objective, dont l'essence est d'être dans un cheminement ouvert, et non dans un système clos de coordonnées ; dans la vie normale on n'y échappe pas, aussi bien la conception retracée ici doit toujours déjà se donner à entendre dans les fragments de conception et de compréhension que la vie ne manque jamais de produire pour ainsi dire automatiquement sur son chemin, voire elle figure parmi les problèmes inéluctables que pose la vie. Sur le plan de l'objectivité pure, nous sommes un corps et rien qu'un corps. Toutes les autres conceptions sont des solutions de compromis ou se fondent dans de tels accommodements. Or, c'est de cette espèce qu'est aussi la conception de l'interaction qui, elle, représente au plan objectif l'impossibilité d'une autocompréhension purement objective, si bien qu'on y a affaire, au bout du compte, à une véritable antinomie métaphysique (rien de moins), dont la solution devra engager jusqu'aux principes derniers de la compréhension philosophique, avec ses possibilités et impossibilités elles aussi de principe.

INTÉRIORITÉ, TEMPS, MONDE

I

Le chemin qu'est notre vie produit lui-même une lumière, un monde qui est le sien, dans lequel il consonne avec la nature, fait apparaître ses possibilités propres et laisse transparaître devant la face de qui il s'accomplit. Qu'il produise ainsi de la lumière et s'éclaire lui-même, que la lumière appartienne à sa propre constitution essentielle tout en le dépassant dans trois directions différentes, c'est ce que d'autres déjà ont désigné comme la transcendance de l'être subjectif. Cette transcendance, bâtissant le monde, présuppose, comme l'a montré notre chapitre précédent, l'indifférence essentielle du subjectif et de l'objectif comme socle de n'importe quel contact concret avec des êtres concrets ; la vie entière repose sur la base de la sympathie, et il n'y a point de sympathie sans cette identité profonde, essentielle, sans cette consonance. D'un autre côté, il n'y aurait jamais de transcendance si celle-ci s'épuisait dans la consonance, s'il n'y avait pas l'aiguillon qui chasse à jamais hors du milieu de l'indifférence dans l'air glacé où se déroule la quête qu'est le chemin. La vie sous la forme de la transcendance est un arc tendu ; il y a en elle quelque chose qui aiguise l'opposition, qui lui communique une tension et, par là seulement, fait parvenir l'arc à sa fonction, à sa détermination interne, sans laquelle il serait un conglomérat dépourvu de sens, une potentialité éternelle, impossible à réveiller. Or, cela veut dire qu'on ne peut jamais expliquer l'intériorité, dans ce qui pour elle est d'une importance essentielle, à partir de l'identité même, mais qu'elle est plutôt précisément ce qui brise l'unité. Plus tout est évidence, harmonie, immédiateté, moins il y a d'intériorité; plus la tension est puissante, plus est grande la force avec laquelle nous sommes repoussés loin de l'immédiat, et plus l'intériorité est elle-même. Mais ce n'est là qu'une métaphore, destinée bien sûr à donner un sentiment des pôles entre lesquels se meut la vie de notre cheminement.

L'immédiateté se détermine d'ordinaire comme sensible. Nous pouvons à présent la formuler plus profondément comme l'identité, la fusion harmonique du subjectif avec l'objectif qui est l'essence de l'automatisme sensible; comme si la vie sensible avait sa propre âme, indépendante de la nôtre, personnelle, âme dont la houle, dans son déferlement incessant, baigne en définitive tout l'univers; comme si vivait ici en nous quelque chose d'éternel, quelque chose qui n'a pas de fin, qui restera paisiblement dans les mêmes rythmes établis quand nous-mêmes ne serons plus; et sous la suggestion de cette mer, nous nous trouvons nous-mêmes insignifiants, comme si nos destinées, nos luttes, nos métamorphoses n'étaient rien, mesurées à cette continuité tranquille, dont la force paraît sans limite. Le sensible dans son essence est harmonie, beauté, voire sublimité, ou du moins il y tend comme à ses points de fuite immanents. Non que nous soyons toujours *actuellement* au diapason, chaque fois qu'une telle harmonie sensible nous enveloppe, mais il suffit de la suggestion de la potentialité; et il suffit finalement de penser à ce que serait la vie sans le ciel bleu, sans les tendres attouchements, sans la mystérieuse suggestion des bruits et des tons pour comprendre un bout du pain quotidien dont la vie ne saurait se passer et qu'elle désire en secret alors même que *de facto* il lui fait défaut.

Serait-ce à dire malgré tout que la tonalisation qu'est en premier lieu la lumière du monde tend à l'identité comme à son ultime τέλος immanent ? Serait-ce à dire que nous nous trouvons nous-mêmes dans l'identité sensible originelle du subjectif avec l'objectif ? Mais on ne peut pas déduire, du fait que le sensible a le caractère du noyau immanent de l'harmonie, la nature globale de la tonalité et, avec cela, le caractère d'ensemble du monde. S'il y a toujours dans nos impressions l'appel de l'identité, le caractère de l'appel qui ne pourrait s'adresser à une identité accomplie et réalisée doit avoir lui aussi un sens. L'identité se découvre d'abord à nous passivement, en tant que simple possibilité ; mais c'est de façon pareillement passive que nous est dévoilée aussi la disharmonie, la non-unité. L'identité est certes possible sans contradiction, sans division, sans disharmonie, mais non pas la compréhension, la conscience de l'identité. Ainsi le « non », qui seul rend possible la transcendance et, en elle, alors, le monde, est quelque chose de bien plus profond que la compréhension de l'unité. L'identité avec sa perspective séduisante, son attraction secrète et pourtant certaine, est plutôt un témoignage de la présence de l'autre « force », qui ne nous permet pas de fusionner et qui, alors même qu'elle ne nous est pas présente comme disharmonie actuelle et aliénation absolue, est le ressort caché de la tension dans laquelle seule s'ouvre la scène de la vie consciente[1].

---

1. Le tiers inférieur de la feuille est resté blanc. Si Patočka a poursuivi l'écriture de ce texte, la suite du manuscrit n'a pas été retrouvée.

ANNEXES

I

Monde et objectivité.

1. Problème de la constitution – corrélat noèse-noème. Sens d'objet : son unité dans les tendances subjectives. Couche hylétique aussi ?

2. Donation : premier plan – toile de fond. Toile de fond non pertinente – pertinente. Pertinente (intuitive, soit) différenciée et indifférenciée. Indifférenciée avec l'opposition sujet-objet et sans opposition. Unité ultime de la toile de fond : le monde. Le monde en dehors de l'opposition moi/non-moi. Le monde en tant qu'unité 1) de l'ultime toile de fond indifférenciée, 2) de l'émotionnalité générale, qui indique la direction dans laquelle nous « comprenons » les choses, « d'où » nous les appréhendons. Cette indication de la direction « d'où » nous saisissons les choses : finalisation de la vie. Là où se constituent les possibilités de la vie se constituent aussi les possibilités de compréhension des choses, l'accès aux choses (la vie – vie parmi les choses). Tonalité affective et directionnalité. Unité du monde : 1) Dans la « dialectique » des tonalités. 2) Dans la « prescription » globale de la vie qui en découle, dans son « sens » d'ensemble.

3. Extension de la constitution en dehors du cadre du vécu propre. Le partenaire. Il n'est pas sans intériorité, c'est-à-dire sans être propre, c'est-à-dire sans moi ; en atteste la

vie humaine même, avec son fondement émotionnel.
L'« être objectif » n'est ni conscient ni être propre en
lui-même ; il est seulement *pour* la conscience ; là où en
revanche il n'y a pas de conscience, lui-même n'est rien. –
L'être *en soi* est distinct de l'être *pour soi*. L'espace, l'objet
etc. n'ont pas du tout le caractère d'« en soi » – ils ne
peuvent donc pas avoir le caractère d'*être en soi*.
4. Originellement l'objet n'est rien d'autre qu'un véhicule
de la communication entre les étants non objectifs, qui
sont *en soi*. Il est là pour *faire apparaître l'intériorité*.
C'est pourquoi les données sensibles sont toutes « émotion-
nellement » actuelles, elles ont une affinité avec les registres
affectifs. – Ciel couvert. Orage. Paysage paisible. Harmonie
dans la nature. Les « âmes » ou « images » de Klages
comme protoréalité de l'univers « physique ».

[*]

Le monde comme création de significations est fondamental
au regard des influences secondaires sur la signification.
Le monde *crée* la signification, le sens ; la connexion
psychique (le contexte), les expériences, les vécus, les
« dispositions » structurelles influencent. La connexion
psychique décide de la *manière dont* j'appréhende les
choses ; de ce que je vois, par exemple, dans telle ou telle
impression ; mais ce *quoi* est lui-même indiqué de façon
plus profonde.

Sur la critique des concepts de tendance et d'instinct. Ce
sont des concepts objectifs, qui veulent rendre clair *ex post*
quelque chose de libre dans son fond, la vie sur ses différents
plans et dans ses différentes possibilités.

Que nous ne nous percevons pas nous-mêmes (nous ne percevons pas le processus de perception, notre corps dans sa totalité, mais seulement en partie, si bien que nous voyons et sentons que nous « sommes en lui »), cela tient à ce que notre résonance sensible est une *con*sonance, que nous sommes essentiellement l'« explication » de quelque chose d'extérieur, en dehors de « nous-mêmes ». Même la vie de notre corps propre, nous la « co-vivons » seulement. – Mais pourquoi cette « consonance » a-t-elle toujours besoin de l'aide du corps? Pourquoi doit-elle rester à jamais « aveugle » s'il n'y a pas le corps? Je ne perçois pas ce qui se passe dans mon corps, je ne « sympathise » pas avec ces processus, et pourtant c'est à travers eux que je suis en contact avec le perçu! Où y a-t-il là une clarté? Une solution? Pourquoi suis-je foncièrement incapable de percevoir mes processus nerveux? – La réponse : la consonance doit être provoquée d'une manière ou d'une autre de l'extérieur, l'impulsion ne peut venir de moi-même; sans cela, le moi ne sortirait jamais de lui-même dans la perception, on ne pourrait dire que l'imagination s'appuie toujours sur une perception, les perceptions n'auraient pas le caractère d'« extériorité » qui les distingue. – Pour parler avec Bergson : l'action corporelle est comme un choc qui fait cristalliser[1] ; ce qui nous amène au « plan de l'action[2] ».

---

1. Patočka pense peut-être au passage de *L'évolution créatrice* (Paris, F. Alcan, 1907, p. 12), cité aussi dans *Le monde naturel comme problème philosophique* (éd. Vrin, p. 117), où il est question du « corps qui n'a qu'à braquer ses organes sensoriels sur le flux du réel pour le faire cristalliser en formes définies et créer ainsi tous les autres corps ».

2. Patočka citait déjà dans sa thèse de doctorat soutenue en 1932, *Le concept d'évidence et sa signification pour la noétique* (« Pojem

[*]

La conscience et le moi. Direction vers les objets – direction vers soi, et cela en un – dialecticité de ce fait : un – deux.

La conscience sans conscience de soi – un fait, mais saisi seulement *ex post* – subconscient ; différents degrés là-dedans.

L'inconscient absolu – ultime limite du subconscient ; il en est un corrélat nécessaire, mais en lui-même un simple μὴ ὄν.

Le moi est-il un « fait » ? Est-il un *objet* ? Dans ce cas il devrait être distingué de celui pour qui il est objet ; cela ne se peut qu'*ex post*, donc *il ne l'est pas*. Ce n'est le cas que du moi non actuel, non réel. Comment alors le moi est-il « donné » ? – Le « moi » dans la conscience de soi n'est pas un donné, mais plutôt *ce dont il y va* pour le principe actif, pour l'activité libre et non objective, à savoir soi-même. Le libre principe actif est impossible sans conscience de soi – mais cette conscience de soi n'est pas une *intuition*, une ré-flexion,

Le moi – non pas un savoir, mais un *pré*savoir – une pré-suasion[1]

---

evidence a jeho význam pro noetiku », dans *Sebrané spisy*, t. 6 : *Fenomenologické spisy I*, éd. I. Chvatík et J. Frei, Prague, Oιкοymenh, 2008, p. 68), les pages du chapitre III de *Matière et mémoire* où Bergson oppose le « plan de l'action » au « plan du rêve » en traitant de « l'attention à la vie ».

    1. Patočka écrit ici *pred-svědčení*, graphie archaïque du substantif *přesvědčení*, dont le sens est « persuasion, conviction » et dont l'étymologie associe un préverbe équivalent à *pré-* (ici souligné par l'insertion du trait d'union) à la racine slave *sъvěděti* signifiant « savoir de concert (avec d'autres) », qui a donné en tchèque le verbe *svědčit* (témoigner).

[*]

Le problème psychophysique

L'être-en-soi – « avoir un corps » ici déjà ? Le corps, étant un objet, présuppose une ouverture à l'objectif ; là où il n'y a *aucun* rapport intérieur à l'autre, il ne peut y avoir de rapport au corps. – Or, chaque être-en-soi doit se présenter dans l'objectif, car, sans cela, aucun *contact* ne serait possible ; et en intervenant dans l'objectif, l'être-en-soi, essentiellement non objectif, doit se doter d'un *équivalent objectif*. Cet équivalent objectif – c'est le corps ou certaines parties du corps. La localisation des « processus psychiques » dans le corps propre a des limites floues : le toucher au bout d'une canne. — Le parallélisme est une invention *ex post*, qui interprète le psychique objectivement par analogie au physique. Il ne peut pas y avoir de véritable parallélisme, car le psychique est essentiellement non objectif. Bien sûr, l'interaction est elle aussi impossible, car l'action opérante n'est possible que sur un même plan d'être et l'objectif ne connaît que les analogies d'action. – Les degrés d'objectivation : 1) le champ expressif de l'intériorité, 2) l'« esprit objectif », 3) l'objectivité de l'orientation scientifique. – La maîtrise du corps dans le vécu, la possession du corps ne se situe pas au plan objectif, mais au plan non objectif ; en tant que *pur objet* ma propre main et mon propre cerveau me seront nécessairement tout aussi étrangers que s'ils appartenaient à d'autres êtres. Le corps propre toutefois n'est pas un simple objet, mais une connexion d'action opérante, et l'action n'est pas du tout possible comme quelque chose d'objectif. Si l'interaction, la connexion des étants doit en général être vécue quelque part, cela ne peut donc être que dans la sphère où il n'y a pas encore de différenciation précise du sujet et de l'objet.

[∗]

Le problème causal.

La cause n'est pas compréhensible. Elle ne ressortit pas aux sens, pas plus qu'elle ne coïncide avec son concept rationnel; en effet, celui-ci l'identifie ou bien à l'identité ou bien à la légalité, il ne sait pas y mettre la main sur *l'action opérante comme telle*, car il ne sait pas la concrétiser; voire il va jusqu'à la considérer, dans une contexture purement objective, comme superflue, bien que la science en réalité ne s'en soit jamais passée et ne semble pas près de s'en passer à l'avenir, car il n'y aurait alors pas d'*explication* effective. On a souvent déjà montré que l'action opérante est quelque chose d'«irrationnel», à quoi l'esprit s'attaque en vain dans son effort noétique. Or, une saisie *irrationnelle* ne pourrait-elle résoudre la question? Le mode «psychologique», depuis Maine de Biran jusqu'à Bergson. Insuffisance de cette solution: comme si l'action pouvait être prise en vue si nous avions un organe adéquat (l'intuition). Mais ce mode de considération analogique reflète toujours un modèle objectif. L'obscurité de l'action opérante ne recèle-t-elle donc rien en sus de cette face ténébreuse? Dans la conception positiviste il n'y a que cette négativité: mais cela aussi est une conception *objective*, elle est *quoad nos*. Non pas incompréhensible parce que irrationnelle, mais irrationnelle parce que non objective. La non-objectivité est ici radicale (et on ne peut en expérimenter un analogue que dans le cas limite où il y a en nous un domaine indifférencié). – L'action opérante est un morceau de la nature libre et non objective de la chose, se manifestant aussi dans le monde objectif comme limite de l'objectivation.

[∗]

Conscience, subconscience, inconscience.

L'objectivation est une *activité*, en tant que telle non objective, dans son essence insaisissable pour le regard ; mais dans le fait même d'objectiver il y a une *double* objectivation de soi-même : 1) la localisation physique, 2) la genèse de l'autocompréhension à partir des objets propres, soit la *conscience de soi*. Du fait que nous cherchons à comprendre notre activité propre à partir de ses manifestations objectives en dehors de la conscience propre naît cependant le concept de subconscient ; c'est soit a) un concept objectif, soit b) une expression pour les effectuations intérieures non objectives, pour les possibilités, les décisions et les luttes intérieures. Le subconscient (selon Tardy[1]) : 1) les dispositions de la mémoire ; 2) les *positions* affectives et valuatives du sujet ; 3) les *dispositions* affectives et motivationnelles générales (le caractère) ; 4) les talents ; 5) l'organisation perceptive ; 6) le subconscient créatif ; 7) les décisions agissantes de la volonté (les tendances déterminantes) ; 8) le subconscient perturbateur de la psychanalyse. – Ce sont des concepts très variés de l'inconscient. Certains désignent des limites (le caractère, le talent, en partie l'organisation perceptive), qui sont bien sûr nécessairement inconscientes, car ce sont de simples

---

1. Sur le psychologue et philosophe Vladimír Tardy (1906-1987), que Patočka caractérisera en 1948 comme « l'un des talents éminents du groupe marxiste » et, en 1967, comme « grand imaginatif de l'abstraction », voir J. Patočka, *Correspondance avec Robert Campbell et les siens 1946-1977*, Grenoble, Millon, 2019, p. 17 (lettre du 24 novembre 1946, note 21). Les éditeurs tchèques n'ont pas identifié le texte auquel Patočka se réfère ici, s'il s'agit bien d'un texte et non d'un simple écho des conversations des deux hommes, qui à l'époque étaient très proches.

négations ; d'autres sont dans un rapport patent avec la vie
du moi (les prises de position, les déterminations, la
créativité) ; d'autres encore dans un rapport moins manifeste
(la mémoire, le subconscient perturbateur).

[∗]

1. Impossibilité d'un être purement objectif. L'objectif
présuppose toujours l'intériorité. Le problème idéalisme-
réalisme. Les objets – corrélats d'une synthèse, laquelle
n'est bien sûr pas physique (chaque élément physique est
déjà une synthèse). En revanche la synthèse même, l'activité
synthétique, est pensable en elle-même, en soi, de manière
autonome.

2. Quel est le sens de ce synthétisme ? Non pas le solipsisme,
qui *modifierait* essentiellement le sens de l'expérience
objective au lieu de la conserver et de l'approfondir. Le
sens du synthétisme, c'est la *co-synthèse*.

    Le purement objectif – l'abstrait
    l'objectivement subjectif – l'autre étant et le prochain
    le subjectivement objectif – le moi propre

3. L'essence de la synthèse – l'« ouverture ». Possibilité
d'« ouverture », de « mise à découvert » dans l'« horizon »
fondamental qu'est le monde. Monde et univers. La tonalité
affective comme moment fondamental du monde.
Indifférence du sujet et de l'objet. – La situation et sa
« solution ».

4. Triple point de départ du protorapport « sujet » – objet –
expression dans la *perception*. Problème de l'*aisthêsis*.
L'*aisthêsis* comme « intuition » qui saisit le sens d'une
constitution étrangère, objective. L'« expression » n'est
donc pas simplement la transcription d'un vécu étranger,
mais la saisie de son sens, de ce vers quoi le vécu est dirigé

au bout du compte. – *Hulê* et affectivité, leur correspondance. – Le problème du prochain ne peut se résoudre que
dans le cadre du problème de l'expression (non pas le
« tu » comme catégorie, ni association empirique, ni simple
« apprésentation »).
5. Le problème psychophysique. Objectivation par
l'*aisthêsis* et l'expression, puis par la rationalisation toujours
plus poussée. Dans l'objectif le moi propre doit être
représenté en quelque façon : le corps propre. D'un autre
côté, la vie propre doit elle aussi être à sa manière
« introduite » dans l'étant vivant, l'étant des intériorités :
c'est l'affectivité et la « petite vie intérieure ». Ni le
parallélisme ni l'interaction n'est la bonne solution.
6. Sens de l'objectivité : pont de la vie à la vie, possibilisation
de chaque « avec ». – Contact empirique et suprasensible.

[∗]

Henri Pourrat, *Le secret des compagnons*∗, Éditions de la
N.R.F.[, Paris, 1937].
*C'est le sens des parentés entre l'esprit de l'homme et les
forces vivantes de la nature. Au cours de longs siècles d'un
travail agricole, ou d'une industrie très voisine de
l'agriculture, l'artisan campagnard a appris bien des
choses. Les unes, il peut les formuler en lois, en recettes
de métier, les autres sont indicibles, – et bien entendu ce
sont les plus importantes. Quand il essaie de les dire, il
ne peut qu'employer un langage indirect et balbutiant :
chansons rudimentaires, contes fantastiques*∗[1].

---

1. M. Caster, note de lecture publiée dans *La Nouvelle Revue française*,
vol. 26, n⁰ 293 (février 1938), p. 311-312.

II

Si la psychologie, comme nous le montrons ailleurs[1], traite de l'intériorité d'une manière fondée entièrement sur des idées préconçues, grevée de présupposés non élucidés et réfractaires à l'argumentation, si, d'autre part, l'une des fonctions essentielles de l'œuvre poétique est de saisir l'intériorité en ce qui est à jamais inaccessible à l'objectivité du regard psychologique[2], il s'ensuit nécessairement que s'ouvre là le champ d'un mode singulier de saisie secondaire d'un insaisissable primaire, et c'est en cela que résidera la tâche propre, l'une des tâches les plus propres de *la critique littéraire* en tant que composante et présupposé de *l'histoire littéraire*.

Non que l'œuvre littéraire doive ou devrait s'occuper de l'*analyse* de l'intériorité; rien ne l'y oblige, et là où elle le fait, ce n'est pas sans risques et tentations; vaut cependant toujours pour elle l'équivalence de l'intériorité en tant qu'histoire ou destinée et de la destinée ou histoire en tant qu'intériorité. Le sens de l'intériorité, de la destinée, de l'histoire est une *conditio sine qua non* de l'œuvre littéraire. C'est un sens qui ne peut jamais être objectif en ce sens

1. Voir ci-dessus, le chapitre « Intériorité non objective et objectivée ».
2. Voir aussi J. Patočka, « Études sur le concept de monde II », § 51, dans *Carnets philosophiques...*, p. 165-166.

qu'il serait *directement exprimé*; l'œuvre d'art demande
à être expliquée, c'est à cela que tient son caractère de
symbole; l'expression directe est une faute lourde dans
une œuvre d'art.

$$[*]^1$$

On n'est pas en droit d'attendre du poète qu'il nous présente
de la psychologie objective, bien qu'il y soit souvent passé
maître. Mais ce dont le poète – et lui seul – est capable
et qu'il doit savoir produire, c'est le pur cristal d'une
situation absolue : *l'histoire* d'un homme qui se damne
ou se relève absolument. Ce n'est pas le *vécu*, pas le
caractère, pas l'évolution de la passion ou de l'âme, rien
de tout cela *comme tel*, quoiqu'il arrive que de telles
singularités soient le présupposé de l'effet poétique dans
tel ou tel style; non, c'est la solution de soi-même[2], à
laquelle on ne peut se soustraire et qui est pourtant libre,
par laquelle on triomphe ou succombe sans recours, qui
est le domaine de la conception poétique de l'intériorité
et de la vérité poétique. La solution a deux composantes :

1. Patočka a ici noté, sur une feuille vierge à l'exception de ces trois
lignes, une citation de *La tempête* de Shakespeare dans la traduction
allemande d'A. W. Schlegel. Il s'agit des vers connus de la réplique de
Prospéro à la première scène de l'acte IV : « *Wir sind solcher Zeug / Wie
der zu Träumen, und dies kleine Leben / Umfaßt ein Schlaf.* » Soit, dans
la traduction de F.-V. Hugo : « Nous sommes de l'étoffe dont sont faits
les rêves, et notre petite vie est enveloppée dans un somme. »
2. Cf. Novalis dans la traduction de Maeterlinck (*Les disciples à
Saïs et les Fragments de Novalis*, Bruxelles, P. Lacomblez, 1895, p. 227) :
« La philosophie ne doit pas expliquer la nature, elle doit s'expliquer
elle-même. Toute satisfaction est solution de soi-même. […] Toute histoire
contient une vie, un problème qui se résout lui-même. Ainsi toute vie est
une histoire. »

la possibilité, que le poète puise dans sa propre intériorité et qui est le domaine propre de la liberté ; et la constellation, la trame, l'action, qui est le domaine de l'imagination objective. La vérité poétique se joue dans ces deux sphères de l'imagination.

Un exemple : l'*Othello* de Shakespeare. On peut dire qu'*Othello* est un drame de la jalousie et, partant, l'étude d'une passion, mais nullement au sens psychologique de la trame qui se joue chez un homme qui nous est étranger, que nous regardons comme un objet, quand bien même le hasard voudrait que nous soyons nous-mêmes un tel objet. C'est la jalousie comme passion authentique, c'est-à-dire passion subjective, comme possibilité intérieure, qui est la *nôtre* propre, qui naît là où nous investissons l'absolu dans ce que, êtres finis, nous ressentons comme ne nous appartenant qu'en vertu d'un don, et non pas essentiellement, par notre mérite ; où à la fois nous possédons et ne possédons pas, où posséder est en même temps sentir déjà que ce que nous possédons nous échappe et est comme s'il ne nous appartenait pas ; où l'incertitude se forge paradoxalement une certitude noire ; où la raison objective devient le jouet du hasard ; état foncièrement « dialectique », où le plus lointain devient proche, où devient possible non seulement l'aveuglement, mais encore une clairvoyance étonnante ; où, dans la débâcle de nos espoirs, il ne reste qu'une possibilité – être anéanti et, par là, assouvir le désir à la fois de vengeance et de possession sans réserve, où l'anéantissement reste comme unique possibilité de nous justifier lorsque nous nous voyons abandonnés de ce que nous prisons plus que nous-mêmes. Ce tourbillon terrible, dans lequel les valeurs changent de signe, dans lequel vie et mort se pèsent et changent de place mutuellement, dans lequel la certitude prive de la vérité, dans lequel l'homme se juge lui-même intérieurement et s'ôte ce qui était le bonheur exclusif de sa vie (le geste extérieur n'étant que le parachèvement de ce meurtre intérieur), est ici présenté par le poète et sympathétiquement co-vécu par le spectateur. Il ne s'agit ici de rien de moins que de la solution de tout le sens de la vie, du gouffre de signifiance absurde qui s'ouvre là et dote la vie d'une profondeur infernale, acquise au prix d'elle-même. Celui qui a traversé cet enfer prend pied à une hauteur singulière où la réalité empirique de la vie s'efface, faisant place à quelque chose de nouveau ; empiriquement – une fois devenu celui qui a accepté sa damnation éternelle, une fois résigné à ce sort, ayant accompli par là le cycle de son destin – Othello n'est plus[1].

Psychologiquement, on peut ici définir certains principes, mais non pas leur application et leur résultat. L'infériorité dans la jalousie ; l'ambivalence de l'état ; l'inversion des valeurs ; l'évolution du sentiment ; la morbidité de la pensée et des actes ; la perspicacité *psychologique* de Shakespeare parlera de tout cela, c'est pour cette raison, par exemple, qu'Othello est noir (l'infériorité). Mais l'absolu de la passion, qui est ici un présupposé ; mais l'étrange et terrible *glorification* dans laquelle la figure tragique se perd comme dans une lumière noire – ces moments aussi sont-ils objectivement accessibles ? Ce n'est pas le mécanisme des événements, mais un destin volontaire qui s'y manifeste, l'unité de la nécessité et de la liberté. Et en nous laissant captiver par

---

1. Cf. W. Shakespeare, *La tragédie d'Othello, le More de Venise*, acte V, scène II, v. 288 (Othello à Lodovico) : « Voici celui qui fut Othello : me voici. » (Trad. F.-V. Hugo.)

la re-présentation shakespearienne, nous sentons que « *mea res agitur* » et tout le processus n'est pas un mécanisme, mais un *cristal de pure intériorité* (*nitrnost*).

La vérité poétique n'est pas atteinte tant que ne jaillit pas la conviction « c'est toi », tant que le personnage *ne nous touche pas personnellement.* Une telle possibilité personnelle, la possibilité de jouer notre carte d'absolu de telle ou telle manière, pour gagner ou perdre, mais dans tous les cas pour devenir pleinement ce dont nous avons pris l'engagement, cela ne peut pas laisser indifférent, ce n'est pas un spectacle qu'on contemple, mais quelque chose qui nous entraîne ; dans cette possibilité, nous vivons à la fois notre moi plus élevé et plus pur, qui n'est pas identique au moi empirique et qui peut déroger à sa liberté de différentes manières, tombant dans toute sorte de pièges et de fautes. Accompagne l'engagement absolu, qui est un asservissement absolu, comme pendant inhérent et corrélatif, l'histoire extérieure qui le conduit à l'ultime conséquence intérieure, à savoir la négation de soi, l'autodestruction. Nous comprenons cette nécessité dès que nous nous rendons compte de la nature de l'amour d'Othello ; mais comment le voyons-nous ? Seulement au résultat. Il n'a en lui aucune hauteur qui serait encore élevée au-dessus de cette relation. Son tout est là, et il y a déjà dans cette tension même, dans son extrémité, une angoisse et un vertige infinis. L'engagement absolu est un acte de la liberté que le poète n'explique pas, mais qu'il présuppose seulement, et non moins libre est la chute tragique qui se réalise à la première écoute du suborneur, écoute qui est un saut de la possibilité à la réalité. Ainsi tout est intérieurement apprêté, et pourtant libre. Othello va de l'avant, non comme un mécanisme, mais comme un être fasciné par des possibilités tragiques, être qui s'enchaîne lui-même et se contraint ainsi à parcourir le cycle complet du destin qu'il se fixe.

Quelque chose de ce genre ne peut être rendu par aucune psychologie, pour laquelle, *essentiellement*, la liberté, la création, l'absolu n'existent pas.

Comme une différence fondamentale d'attitude : l'intérêt psychologique est le même que l'intérêt minéralogique, ses objets ne sont ni plus ni moins « intéressants » ; l'intérêt poétique (comme celui du lecteur ou du spectateur) *transporte*, il est un co-engagement, une espèce singulière de sympathie, qui n'est pas le simple partage des sentiments d'autrui dans la pitié – en effet, son objet n'existe pas. Pour autant que *nous nous tenons en dehors*, comme le psychologue, l'intérêt poétique ne peut tout simplement pas exister.

[∗]

Il semble que le tragique absolu, dont nous sommes témoins dans *Othello*, *Lear*, *Hamlet* (?), n'ait finalement pas pleinement satisfait Shakespeare, encore que personne n'ait su comme lui comprendre et représenter la supraréalité glorifiée du naufrage. La mort de Desdémone, d'Ophélie, de Cordélia, ce sont des moments d'un silence infini, où l'on entend la musique d'un autre monde. Et pourtant on dirait que cette hauteur n'a pas suffi à Shakespeare ; mais une autre hauteur encore est-elle possible, au-dessus de celle-ci ? Le *happy end* de *Cymbeline*, de *La tempête*, du *Conte d'hiver*, dont la première partie se conclut dans un tragique absolu, n'est-il pas une déchéance, ramenant au plan de l'harmonisme empirique, contingent et, de ce fait, gratuit ? Mais que le créateur d'éclaircies et de conciliations transcendantes n'ait pas compris une dissonance aussi élémentaire, c'est impossible à croire, et toute la conception fondamentale du *Conte d'hiver* témoigne là-contre. Ne serait-il pas de mise – l'impression sur laquelle nous laisse la scène finale de *Cymbeline* l'atteste avec une puissance toute particulière – de penser que le problème qui se présente ici à l'esprit de Shakespeare est semblable à celui avec lequel Beethoven est aux prises dans la finale de la *Cinquième symphonie* – le problème de la joie absolue, de la joie *dans l'absolu*, où même le tragique empirique est « *aufgehoben* », simple apparence ou plutôt épreuve dont l'esprit se dégage avec le sourire et qu'il perce à jour comme *coup de pouce** divin ?

[*]

Benj. Crémieux, NRF 1937, t. XLIX, p. 166.
Car la tragédie, c'est cela : montrer jusqu'à quelles extrémités l'homme et la femme peuvent se porter dans le bien comme dans le mal, montrer des spécimens d'humanité aussi purs, aussi entiers que les animaux de race qu'on expose ou qu'on fait courir[*1].

Dr André Adnès, *Shakesp. et la folie**, Paris, Maloine, 1936.
« *C'est un effort de* [sic] *rattacher les opinions de S. à toute la psychiatrie antérieure, depuis Hippocrate**[2]. »

---

1. B. Crémieux, « À propos de *Bajazet* » (note sur la mise en scène de Jacques Copeau à la Comédie française), *La Nouvelle Revue française*, vol. 25, n° 286 (juillet 1937), p. 166.
2. Patočka cite à peu près la conclusion de la notice de quatre lignes rédigée par P. Masson-Oursel pour la *Revue philosophique de la France et de l'étranger*, vol. 123, n° 1-2 (janvier-février 1937), p. 128.

III

I) Il appartient à l'essence de la vie humaine consciente de saisir en quelque façon ce qui est. C'est-à-dire que le comprendre est un caractère propre de la conscience. Mais le comprendre en un sens très large, qui englobe la vie pratique, non théorétisante, immédiate, aussi bien que la théorie « pure ». Le comprendre signifie d'ailleurs toujours une activité ayant un but déterminé, un sens. Et ce sens, c'est précisément de saisir ce qui est en tant que tel, tel qu'il est en lui-même ; ainsi peut-on, au plus général, caractériser le sens de la vie humaine en général. En effet, saisir, comprendre, ce n'est pas seulement affaire de théorie ; l'acte aussi, le cas échéant l'inaction, voire le simple fait de « jouir de » la vie signifie une solution de l'existence en ce sens. Précisément pour cette raison on ne peut pas ne pas tenir l'existence humaine pour un tout ; l'existence humaine a une structure fondamentale, un but intérieur qui lui est propre, but intérieur qui ne se laisse pas mettre à part du sens de l'existence en général, du sens du monde dans lequel nous sommes plongés.

En disant cela, nous nous sommes placé, bien sûr, bien au-delà du commencement du philosopher. La philosophie veut être sans idées préconçues, partir seulement de ce qui ne peut être mis en doute et ne contient aucune obscurité, aucun problème non résolu. Mais notre vie n'est jamais à l'arrêt; elle n'est pas ordonnée comme la plupart des philosophes le souhaiteraient, son « ordre » ne coïncide pas avec celui que nous trouvons dans la plupart des systèmes et des sciences. N'est-ce pas le signe que la philosophie a toujours construit un monde à elle plutôt que de comprendre celui dans lequel nous sommes? La philosophie a cru que, pour être sans idées préconçues, il lui fallait un ποῦ στῶ[1] en dehors du monde concret; mais n'est-ce pas là justement un présupposé acritique? Ne faudrait-il pas se demander si ce qu'on cherche souvent dans un antécédent, temporel ou logique, ne serait pas à trouver dans le monde concret actuel? Chaque moment de la vie peut être pareillement essentiel, pareillement « *unmittelbar zu Gott*[2] », chacun peut avoir son irréductibilité spécifique. Qu'est-ce qui nous garantit que, dans les constructions ou les projections du monde au plan de certains principes métaphysiques, l'essentiel n'a pas échappé, que le point de départ n'a pas occulté le point à atteindre?

Ces questions conduisent nécessairement à une autre encore, à savoir : d'où nous vient le droit de poser quelque chose en tant qu'étant? Qu'est-ce qui me garantit au bout du compte chaque compréhension de l'étant? Je réponds : cela ne peut être rien d'autre que la connexion « téléologique » entre comprenant et compris; rien d'autre que le fait que la « forme » de la compréhension de telle ou telle espèce a son sens, son but et son corrélat nécessaire dans

---

1. Du mot attribué à Archimède : « Donne-moi *où je puisse me tenir ferme*, et j'ébranlerai la terre » (Pappus d'Alexandrie, *La collection mathématique*, VIII, 9 ; trad. P. Ver Eecke).

2. « Dans un rapport immédiat à Dieu », comme l'historien Leopold von Ranke le disait (dans une conférence prononcée le 25 septembre 1854 devant le roi Maximilien II de Bavière) de « chaque époque ».

ce qui est compris. Toute explication autre est ou bien réductible à celle-ci (totalement ou en partie), ou bien pèche contre les faits fondamentaux de la vie. En effet, si nous voulons réellement partir de ce qui est exempt d'idées préconçues, nous ne pouvons faire autrement que de partir des faits de la vie pour poser la question de leur sens, et ici l'interprétation que je viens d'exposer est, me semble-t-il, la plus naturelle et la plus large – bien sûr, elle demande a être explicitée dans le détail.

L'exigence philosophique de nous libérer de toute idée préconçue est, dans un sens bien précis, impossible et, dans un autre, réalisable. Si nous nous plaçons au point de vue créateur, pour lequel il n'existe encore aucun être, et que nous cherchions à reconstruire celui-ci à partir de certains principes, nous n'atteindrons pas ce but. En effet, cela ne donnera derechef qu'une partie du monde concret que voici ; on ne se sortira pas du marais en se tirant soi-même par les cheveux. Mais si nous partons du fait de la compréhension en posant la question de son sens, peut-être réussirons-nous à trouver une position à même de l'embrasser du regard en tant que tout, de sorte à ne faire violence à aucune partie de notre vie et que tout trouve sa place naturelle.

Le premier fait dont il me semble nécessaire de partir et sur lequel repose toute « théorétisation », c'est que ce qui nous est « immédiatement donné » demande à être compris, c'est-à-dire que, tel quel, tel qu'il nous est donné, il n'est pas un tout achevé qui se suffit. Il n'y a du moins rien en lui qui le rende tel ; et « s'en tenir à ce qui est immédiatement donné », c'est précisément une manière d'introduire un sens dans le donné, une interprétation comme les autres. D'un autre côté cependant, il doit être entendu que le sens du vécu n'est rien de « subjectif », rien qui soit à part de la chose – c'est là simplement l'autre face de la même interprétation. Il faut suivre le fil du donné, poser la question de *son* sens, et non pas y introduire un sens qui n'est pas originellement le sien. C'est là un fait primordial ; il a deux faces inséparables : l'incomplétude, et pourtant, dans un sens, l'intégralité du donné ; l'inachèvement du donné en tant que donné, son achèvement et intégralité en tant qu'étant.

Cela implique que la compréhension de l'étant, s'il ne peut se dérouler en tant que tout dans l'immédiateté de l'étant, se déroule certainement dans la sphère de l'étant. Celui qui se représente l'étant comme mort ne percera pas à jour le rôle qu'y joue la vie humaine ; en effet, quel serait sinon le sens de la vie, par exemple, de l'homme religieux ? Les vraies luttes pour la vie et l'avenir ne se déroulent pas au sein du donné, mais à son contact, et la vie humaine est la continuation immédiate et la clef qui ouvre leur mystère.

Ce livre[1] tentera, de la manière indiquée, de soulever – sinon sans doute de résoudre – un problème essentiel lié à notre vie moderne dans son ensemble, à notre vision du monde ; il veut prendre philosophiquement conscience de l'une des crises de la vie contemporaine. Deux questions découlent sous ce rapport de ce qui précède. 1. Comment l'être est-il interprété aujourd'hui, et quelles sont les racines historiques de cette conception ? 2. Ce mode d'interprétation est-il nécessaire, suffisant et critique au sens dernier, c'est-à-

1. Les éditeurs tchèques, tout en relevant une certaine proximité thématique avec les textes de 1939-1940 sur le concept d'« intériorité », ne suggèrent pas d'hypothèse sur la nature du projet évoqué ici.

dire philosophique, du terme ? Le problème qui se pose est celui-ci.

[∗]

II) Que signifie pour nous (Européens contemporains, passés par certaines théories des sciences, notamment des sciences de la nature) le monde ? Depuis un certain temps – on peut dire carrément que c'est là une caractéristique spirituelle des temps modernes – l'homme n'a pas un seul monde, mais plutôt deux, ou deux à tout le moins ; j'entends là bien sûr le monde *naturel*, non pas l'antithèse qui oppose « ce bas monde » à « l'au-delà » ; je ne pense pas non plus au fait qu'avait en vue Héraclite en parlant du monde commun de ceux qui veillent et du monde privé des dormeurs[1]. (Ce phénomène a peut-être quelque chose de commun avec celui dont je parle maintenant, mais le rôle des veilleurs est ici assumé par la science rationnelle – du moins c'est ainsi que la chose apparaît souvent à beaucoup.)

[∗]

I. Idée de la philosophie : connaissance des catégories. II. Analyse de la connaissance : chaque objet est objet de la conscience, l'évidence seul critère de la vérité. III. Différence entre la connaissance sur la base d'un *a priori* et la connaissance des principes *a priori*, c'est-à-dire des catégories. IV. Problème : 1) comment la connaissance des catégories est-elle possible ? 2) comment

---

1. Cf. Héraclite, B 89 : « Pour les éveillés il y a un monde un et commun / Mais parmi ceux qui dorment, chacun s'en détourne vers le sien propre » (trad. J.-P. Dumont).

faut-il penser les catégories dans la thèse idéaliste selon laquelle chaque objet est objet d'une conscience possible ?

Que nous classons les sciences selon leur objet, la raison en est que tout savoir a un objet et que l'objet des grandes branches du savoir est le même. La mathématique a cependant un autre objet que la linguistique ; mais ni la mathématique ni la linguistique ne se préoccupe de ce qui fait que l'une et l'autre ont un objet *déterminé*, ni de ce qui donne au juste à celui-ci son unité. L'on a donc besoin d'une science particulière qui s'occupe justement de la question des fondements de tout savoir singulier spécialisé et qui montre également en quoi réside en définitive l'unité ainsi que la différence des différents domaines du savoir. Relèvera de la mathématique comme science spéciale ce qui vaut mathématiquement, ce qui est vrai *in concreto* dans des conditions données ; relèvera de la science qui nous occupe ici l'examen de ce qui caractérise les objets de la mathématique. S'il apparaît, par exemple, que toute la mathématique, ou du moins une partie significative, peut se fonder sur la compréhension de ce qu'est l'un, l'unité, le multiple, etc. ; si nous soumettons tout cela à l'analyse et constatons que cela ne se laisse pas « réduire » à d'autres éléments, nous dirons que nous avons trouvé les conditions de possibilité des objets mathématiques, soit les catégories mathématiques.

C'est donc un ensemble de catégories qui définit ce qui relève de telle ou telle science et en constitue l'unité. Trouver les catégories de telle ou telle branche du savoir, c'est trouver tout ce qui est nécessaire à l'unité d'une objectivité, si bien que celle-ci se laisse construire, dans tous ses traits essentiels, à partir des catégories. Mais s'il en est bien ainsi, il s'ensuit que la détermination catégoriale est comprise dans chaque savoir sur des objets ; sachant que nous nous occupons de « mathématiques », nous entendons justement la charpente catégoriale constitutive qui se présente toujours à notre esprit avec une certaine netteté dans notre commerce avec des objets mathématiques. Il est clair alors que si notre savoir est de fait un savoir sur les catégories, il s'agira nécessairement de connaissances sur quelque chose de définitif, au-delà de quoi nous ne pourrons aller. Il faut ainsi, dans chaque domaine de connaissance, postuler la possibilité de connaissances définitives de ce genre, au-delà desquelles on ne peut plus remonter, car elles sont constitutives pour tous les objets du domaine donné. Or, la connaissance de quelque chose de définitif, qui rend les choses telles qu'elles sont sans être lui-même l'une d'elles, c'est une connaissance *a priori*. Chaque unité rigoureuse de savoir présuppose donc un certain *a priori*. Cela dit, la science traite des objets et non de l'*a priori* ; celui-ci est l'affaire de la philosophie.

II. Pour déterminer si l'entreprise de la philosophie est possible, et comment, considérons d'abord que la philosophie est un connaître de même que tout autre savoir. La connaissance est la catégorie dont elle relève avec les autres sciences et dont elle doit se préoccuper en premier lieu, si elle veut se comprendre elle-même. La connaissance est un mode de la conscience. La conscience, elle, est caractérisée par ceci qu'un sujet un a devant lui une multiplicité d'objets dans une multiplicité analogue d'actes qui lui appartiennent directement. Le sujet est caractérisé par ceci qu'il « sait » continuellement. Or, il ne peut pas savoir ce qui n'est pas « donné », d'une manière ou d'une autre ; le savoir est un savoir sur le « donné ». Le donné peut présenter les formes et les relations les plus diverses. Il faut souligner cependant qu'il règne un ordre dans les données ; n'importe quoi ne peut pas être donné n'importe quand. La connaissance, autrement dit la conscience théorétique, est caractérisée par la *pure présence* de l'objet, à la différence de l'imagination ou de l'évaluation, où l'objet nous intéresse soit comme simple représentation soit comme objet d'appréciation (ce qu'on peut respecter, aimer, haïr, etc.). La conscience théorétique a deux modes : la donation originaire de l'objet, lorsque l'objet lui-même est présent dans la conscience, par exemple le vert que voici, le chiffre 2 ; et la simple visée, lors de laquelle l'objet n'est pas au sens propre dans la conscience, mais nous y faisons simplement allusion en quelque façon, en le visant symboliquement ; la plupart des « représentations » et des pensées sont de cette sorte. La visée est plus libre que l'acte originaire ; on peut viser aussi une non-vérité. Mais seule la donation originaire est à même de déterminer ce qui, parmi ce qu'on vise, est effectivement connaissance et ce qui n'en est pas. Comme la donation originaire ne peut pas toujours être atteinte, l'on est obligé, dans bien des domaines du savoir, de se contenter d'une simple visée abstraite.

Cela étant, il est clair que chaque objet dont on peut parler de manière sensée est ou bien un objet susceptible d'une donation originaire, ou bien ne pourra se présenter dans la conscience qu'en tant qu'allusion ; dans ce dernier cas, la question de la vérité de notre allusion, c'est-à-dire de l'existence de l'objet, sera insoluble. L'objet aura alors pour nous la signification d'un simple problème ; mais si nous saisissons avec évidence qu'il ne peut pas être donné, cela aura pour nous une signification égale à celle de la donation originaire positive. Il apparaît ainsi que le critère de la vérité est au bout du compte toujours la conscience en mode d'originarité et, partant, que tous les objets sont définis par leur rapport à une conscience possible. C'est uniquement par un recours à la conscience qu'on peut connaître si un objet existe et ce qu'il est ; quant à nous, nous *sommes* conscience ; par conséquent, seul le monde des objets de la conscience a sens pour nous, dans la conscience chaque objet doit pouvoir être déterminé quant à son existence et à la qualité de celle-ci. Il s'ensuit encore de là que les objets qui constituent l'univers de notre conscience sont avec elle dans un rapport essentiel de cognoscibilité.

Semble s'opposer à cela l'argument selon lequel le sujet et l'objet ne s'épuisent pas nécessairement dans le rapport du connaître, mais peuvent être aussi des entités autonomes en dehors de ce rapport. Tant dans le sujet que dans l'objet il peut donc y avoir quelque chose non seulement qui n'entre pas, mais qui ne peut pas entrer dans la corrélation sujet-objet[1]. Mais ni le sujet ni l'objet ne peuvent signifier *pour nous* autre chose que ce qui est donné dans la conscience ; l'être dont il est impossible de s'assurer, qui n'est donc pas défini par la conscience, n'est admissible qu'en tant que problème par essence insoluble, et l'objection même n'est qu'une manière de formuler ce problème.

III. L'*a priori* que la philosophie peut chercher, c'est l'*a priori* des objets d'une conscience possible. Mais avant d'aborder le travail concret, il faut attirer l'attention sur la

---

1. Ms., biffé : *Cet argument purement formel aboutit à un problème insoluble si l'on oublie que le sujet dans la connaissance ne signifie pas une substance, mais le connaissant même.*

différence entre l'être *a priori* et la connaissance apriorique, telle qu'elle a été élaborée par Nicolai Hartmann[1]. La connaissance apriorique, c'est celle qui a un caractère de nécessité et d'universalité sans égard au *quantum* d'expérience qu'elle subsume. Les propositions logiques fondamentales peuvent servir d'exemple, mais aussi certaines connaissances matérielles au sujet des qualités sensibles. La connaissance apriorique est donc définitive ; mais elle n'est pas nécessairement toujours elle-même connaissance d'un définitif. Les connaissances mathématiques sont toutes *a priori*, mais les principes mathématiques seuls ce que recherche la philosophie. Cela dit, il se peut que certains principes soient connaissables de manière évidente, apriorique, là où les objets mêmes ne se laissent maîtriser que par l'expérience progressive (ainsi, chez Kant, les sciences pures de la nature).

Si la connaissance apriorique était à la fois connaissance des principes *a priori*, notre savoir s'édifierait dans une évidence et une nécessité rigoureuses sans le concours de l'expérience, et la structure de chaque domaine d'objets nous serait claire ou pourrait nous être claire avant d'aborder les connaissances concrètes de détail. Le connaître serait au fond une déduction à partir de principes, comme celle que Descartes a cherché à réaliser pour la physique à partir de l'idée d'étendue. Mais il n'en est pas ainsi ; même dans les sciences les plus rationnelles, la logique et les mathématiques, nous n'avons pas les principes avant les théorèmes. Le « *simplex intuitus* » ne suffit pas à découvrir

---

1. Cf. N. Hartmann, *Der Aufbau der realen Welt. Grundriss der allgemeinen Kategorienlehre*, Berlin, W. de Gruyter, 1940, chap. 11, p. 116-129.

les principes, ne serait-ce que parce que ceux-ci sont toujours multiples et parce que l'intuition ne distingue pas les principes vis-à-vis des conséquences.

IV. Les adversaires de l'idéalisme utilisent cette différence pour démontrer l'impossibilité de rester dans la sphère de la conscience si l'on veut comprendre la connaissance même. D'après eux, la chose s'explique aisément par le fait que la connaissance ou, plus généralement, la conscience et l'être ne sont pas identiques, mais ne s'accordent que par une petite partie de leurs principes. Les connaissances aprioriques découlent des lois du connaître et ne sont une expression de l'étant que pour autant que celui-ci s'accorde avec les lois du connaître ; les principes de l'être, quant à eux, peuvent nous être accessibles aussi indirectement, non pas comme lois, mais comme objets de la conscience, et attendu que les lois de la conscience se distinguent ainsi des principes de l'être, on peut s'attendre à ce qu'il y ait aussi des principes en dehors de la sphère de la connaissance et de la conscience possible.

Cette solution est inacceptable et il faut en trouver une autre, qui travaille avec des concepts moins problématiques. En effet, on ne peut parler de ce qui est en dehors de la sphère de la vérification possible que comme d'un problème, sans rapport avec l'économie globale des objets susceptibles d'entrer dans la sphère de la conscience.

[*]

Quelques remarques sur l'idéalisme et le réalisme.
L'argument idéaliste : les objets ne sont possibles que sur la base de lois idéales et celles-ci sont dans un rapport essentiel à la conscience. Réponse du réalisme : les lois

elles-mêmes sont objectives. Arguments du réalisme : l'idéalisme a pour conséquence le solipsisme. L'idéalisme n'admet pas la distinction du vrai et du faux. Contre la corrélation sujet-objet : le phénomène originel de la « donation de la réalité ».

L'idéalisme de tous les temps a cherché à démontrer que les choses dans le temps et l'espace ne sont pas possibles sans des principes supratemporels et supraspatiaux, lesquels sont dans un rapport essentiel avec la source de la compréhension propre, que domine le sujet. Les αἰσθητά n'existent que par leur participation aux νοητά ; ou, selon une autre manière de voir, les objets de l'expérience ne sont possibles que sous la condition des catégories qui en sont directement constitutives, étant ainsi comme les forces créatrices de l'expérience. Le réalisme objecte là-contre que, si la νόησις garantit bien l'objectivité, elle ne garantit pas la réalité, et que les νοητά ne peuvent *exister* qu'en tant que les principes des choses concrètes ; et si l'on affirme que l'expérience ne peut pas être un tout si nous ne comprenons pas les catégories comme des principes synthétiques, cela ne prouve pas, de l'avis du réalisme, que ces catégories ne soient pas précisément aussi les principes de la réalité.

Si l'idéalisme affirme qu'on ne peut se convaincre que de ce qui est ou fut dans la conscience, le réalisme réplique que la conséquence logique et inéluctable en est le solipsisme. En effet, un psychisme étranger ne peut jamais être directement dans une autre conscience ; les autres consciences sont donc, pour l'idéaliste, indémontrables. Si la conscience étrangère devait se donner en original, comme se présente « la couleur que voici » ou « 2 + 2 = 4 », il ne pourrait y avoir de différence entre le vécu étranger et le vécu propre. – Voire l'idéaliste est contraint de reconnaître qu'aucun mode indirect, « symbolique » de la conscience (tel le souvenir) ne garantit les objets avec la même rigueur que la conscience originaire ; il devra par conséquent limiter la sphère de l'être indubitable à l'instant du vécu.

Mais plus encore (le réaliste poursuit sa démonstration) : le concept de vérité est, pour l'idéaliste, impossible. En effet, comment distinguer le vrai du faux si l'un et l'autre sont pareillement évidents et si l'évidence est un simple état d'esprit ? Comment distinguer ensuite la connaissance de la fantaisie, si l'une et l'autre ont le même objet ? – Enfin : comment l'idéaliste expliquera-t-il l'impression d'indépendance à l'égard du sujet qui nous est directement donnée dans le vécu du monde ? S'il y a bien une évidence objective, c'est assurément celle-là, et l'expliquer comme une impression purement subjective revient à vouloir dépouiller le témoignage évident de l'expérience de sa portée objective. Si la donation à la conscience est censée être le critère de validité, le cas est possible où quelque chose est donné d'une manière qui renvoie à son existence autonome en dehors de la conscience ; il peut être donné dans la conscience que x… existe aussi en dehors de la conscience[1]. Si maintenant on argumentait qu'il est

---

1. Cet argument-là, on le rencontre par exemple chez Descartes. Il s'y présente sous une forme singulière : les impressions sensibles ne dépendent pas de mon assentiment. « *Non enim rerum materialium existentiam ex eo probavi, quod earum ideæ sint in nobis, sed ex eo, quod nobis sic adveniant, ut simus conscii, non a nobis fieri, sed aliunde advenire.* » *Ad Hyperasp.* 1641 [« Car je n'ai pas prouvé l'existence des choses matérielles de ce que leurs idées sont en nous, mais de ce qu'elles se présentent à nous de telle sorte, que nous *connoissons clairement* qu'elles ne sont pas faites par nous, mais qu'elles nous viennent d'ailleurs. » – *Lettre à l'Hyperaspistes*, août 1641, dans *Œuvres*, éd. Ch. Adam et

impossible de se convaincre de ce qui n'est pas dans la conscience, il sera facile de montrer ou bien que la conscience évidente n'est pas le critère de la validité ou bien qu'il faut admettre la possibilité d'une existence transcendante. Et ce cas se présente à tout instant dans notre expérience journalière. Bien sûr, il y a une différence entre le cas où l'objet est donné directement dans la conscience et celui où il est donné comme existant aussi en dehors de la conscience. Mais la différence ici n'est pas aussi nette que l'idéalisme voudrait le prouver. L'argument idéaliste repose ici sur le sensualisme empirique. Seules les qualités sensibles pourront alors être données à partir de l'objet extérieur, seules les qualités[1] à partir de l'objet intérieur; mais c'est là la théorie de la connaissance la plus superficielle. En effet, si nous concevons la question au principe, c'est-à-dire en surmontant en tant que préjugé dépourvu de fondement l'opinion qui tient la connaissance pour un simple processus causal, nous voyons que nous ne sommes pas en droit d'affirmer une telle supériorité des qualités sensibles sur les autres moments de la conscience. L'objet peut être donné aussi autrement que par ses qualités; sa réalité peut être donnée indépendamment de son essence, et comme la réalité doit toujours être déterminée, nous possédons un savoir abstrait sur quelque chose qui n'est pas dans la conscience et peut-être ne pourra jamais s'y trouver. Le monde en tant qu'objet de la connaissance est

---

P. Tannery, t. III, Paris, Vrin, 1988, p. 428-429; trad. Cl. Clerselier]. Cela présuppose que le témoignage de la conscience là-dessus est indubitable; il ne peut être expliqué par une autre raison que l'existence de choses extérieures indépendantes de la conscience. *(Note de l'Auteur.)*

1. *Sic.* Patočka semble ici avoir sauté un mot (« formelles »?), mais les éditeurs tchèques ont choisi de remplacer plutôt *qualités* par *quantités*.

ainsi à chaque instant présent et à la fois transcendant et, comme on pourra encore le montrer, probablement inconnaissable dans d'innombrables déterminations.

La réalité, on vient de le dire, peut être donnée indépendamment de l'essence, que l'œuvre de la connaissance consiste à déterminer. Dilthey, Scheler, plus récemment Nicolai Hartmann (pour ne citer que les plus jeunes) affirment que cette phase prénoétique de la conscience se compose des actes émotionnels dont la certitude se transmet immédiatement à la sphère noétique afférente au même monde. La conscience de la réalité ne se fonde pas sur un jugement causal ; si quelqu'un me frappe, la conscience de la réalité extérieure est tout aussi immédiate que la douleur provoquée par le coup. Le sentiment fondamental de notre vie est en général ce commerce actif de tous les instants avec le dehors, qui nous affecte aussi bien à l'avance, comme objet de notre préoccupation, que dans le contact actif et dans les conséquences de nos actes (chez Hartmann, le *Vor-betroffensein*, le *Betroffensein*, le *Rückbetroffensein*[1]). Et si nous tenons compte de l'intensité de ce sentiment, qui est notre réalité indéniable même, le poids de la réalité des autres personnes est plus sensible encore, plus impossible à évacuer que celui du monde chosique (le *Rückbetroffensein* se rapporte uniquement aux personnes). La réalité est non seulement ce qui nous rencontre, ou plutôt nous heurte aveuglément, mais – indissolublement liée à cela – une situation dans le monde humain.

---

1. Cf. N. Hartmann, *Zur Grundlegung der Ontologie*, Berlin, W. de Gruyter, 1935, chap. 27-32 ; id., *Das Problem des geistigen Seins. Untersuchungen zur Grundlegung der Geschichtsphilosophie und der Geisteswissenschaften*, Berlin, W. de Gruyter, 1933, chap. 12, p. 117-119.

Cette réalité ne peut être niée ; c'est la vie même, et nos certitudes, nous les avons en tant qu'êtres humains vivants, non pas seulement comme observateurs abstraits. Celui qui voudrait nous objecter l'argument de la corrélation, qu'il se rende compte que la relation n'est pas aussi simple que chez les logiciens qui la réduisent à une simple forme à deux éléments ; l'indépendance de l'objet est indiquée déjà dans la prise de conscience immédiate de la relation, et il suffit de savoir se voir vivre pour que se présente une certitude parfaite, que des raisons purement logiques ne sauraient sans doute fournir.

[∗]

1.[1] mon monde : le psychique au sens pur, le moi, mon corps propre, les corps physiques, les corps propres étrangers + l'apprésentation

dans ce monde les causes de mes impressions : la lumière, etc. …

1. La page où se trouve cette notation commence par neuf lignes barrées d'une croix : … *on en est venu à cette remarquable création de l'imagination de cette façon. 1. par l'observation que les impressions sensibles sont liées à l'action de certains objets intuitifs sur les corps intuitifs, notamment sur le mien. 2. par la conscience qu'il existe un psychisme étranger, un regard étranger sur le monde, qui n'est jamais en tant que tel dans ma conscience. Le 2 donne naissance à la conscience que quelque chose peut « être dans la conscience » seulement représenté, non pas en original (ce dont nous ne prenons simplement pas conscience dans la vie naïve en ce qui concerne les objets sensibles) ; le 1 à la théorie selon laquelle notre monde est tout entier le produit de la causalité. Comme cependant entre la cause et l'effet (au sens des sciences de la nature) il n'y a pas nécessairement analogie, il s'ensuit que*

2. la théorie selon laquelle mon monde est un produit de
la causalité s'appuie 1) sur les faits de mon monde, élargi
de ce qui peut en principe devenir l'expérience de quelqu'un :
le monde commun, le monde des objets qualitatifs et des
actions causales. Je vois le mouvement qui produit un son,
j'entends plus faiblement ou avec plus de force et je vois
comme le corps s'approche ou s'éloigne ; 2) je présuppose
la même chose chez les autres, dont je n'ai là que les corps,
et je me représente donc leur vie psychique de manière
purement causale, comme image de ce que je perçois pour
ma part. Qu'est-ce qui fait naître cette image ? L'action
opérante sur le corps. Mais j'ai moi aussi un corps, tout à
fait analogue à ces autres. Les impressions agissent sur
mon corps aussi de manière tout à fait analogue. Mêmes
causes – mêmes effets. Donc ma représentation du monde
aussi naît de cette façon. Donc mon monde intuitif n'est
pas le monde dans lequel se déroulent ces trames causales.
Je n'en ai connaissance que sur le fondement de mon monde
intuitif, mais étant la cause de ce monde, elles ne pourront
jamais en être une composante. Donc il existe un monde
qui ne pourra jamais faire partie de mon expérience. Ainsi
j'ai là deux mondes qui sont *en quelque sorte* l'un dans
l'autre, mais dont le rapport ne se laisse justement pas saisir
en partant de l'effet ; d'un autre côté cependant, comment
le monde objectif en vient-il tout à coup à créer à partir de
lui-même un autre monde, qui en est l'« image », et qui
n'est pourtant localisé nulle part en lui, qui n'en fait pas
partie ? Cet « est en lui » – « n'est pas en lui » est donc une
aporie interne au point de vue selon lequel des réalités tout
à fait indépendantes de la conscience seraient la cause du
fait de la conscience, du monde conscient. Et c'est là la
difficulté dont j'ai parlé comme de l'incompréhensibilité

de l'action psychophysique du point de vue réaliste. L'enrichissement qui ajoute à la réalité un monde transcendant est un enrichissement apparent. En réalité, c'est une traduction vide de l'expérience, qui dévalorise le contenu de celle-ci, en faisant un ensemble d'« idées confuses » au sens de Descartes. Le naturalisme de cette espèce a besoin des deux mondes, au sujet du rapport desquels on affirme alors que l'un reflète l'autre (au sens d'un accord structurel partiel). Cela contredit terriblement notre vie, pour laquelle il y a un seul monde ; pour cette vie, l'objet perçu et l'objet physique sont une seule et même chose. Le rapport causal présuppose alors au moins un milieu commun, dans lequel les processus se déroulent. Le parallélisme, lui, apporte à la question une solution purement verbale.

Je propose la solution qui suit. Il y a un dualisme, non pas de deux mondes, mais de la « représentation » et de l'« action ». L'être est action et, dans cette action, perception : perception *d'un autre*. Suivant le fil de l'action, je suis la continuité d'un flux énergétique qui, dans son déroulement, est en même temps perception. Perception *d'un autre* : il faut justement ce qui provoque le mouvement. Et cela ne signifie pas un réalisme. Car je ne perçois pas l'action, je perçois les objets. Les objets sont objets de la perception, il ne sont pas la réalité en elle-même, qui est cependant visée *en eux* ; l'objet *ne peut pas* être la réalité effective, c'est ce que montre déjà la phénoménologie de la chose, qui nous la fait voir comme une infinité potentielle de perspectives, réunies par l'unité du sens. Ces perspectives sont objectives, non pas absolues. C'est donc sur ce point que ma « solution » s'écarte sans doute le plus de Bergson. Si je suis maintenant le fil de la perception, je n'arrive toujours qu'à de nouvelles perspectives, je vois les organes qui travaillent, le cerveau, etc. – je ne peux de cette façon tout simplement pas tomber sur une autre « réalité », car *celle-ci* est quelque chose d'inaccessible dans la perception.

L'« action », du fait qu'elle n'est pas accessible en original à la perception et au savoir en tant que simple intuition, n'est pas pour autant totalement inaccessible à la vie. Voire elle en est le noyau non intuitif, mais néanmoins conscient d'une certaine manière. Qu'est-ce au juste que mon moi ? Qu'est-ce que mon être ? Quelque chose de « réagissant » –

Chaque « objet » se laisse saisir du point de vue de la compréhension-action, mais la compréhension ne se laisse pas saisir du point de vue de l'objet.

L'erreur est justement de comprendre la substance comme quelque chose de clos vis-à-vis de la fonction : tel est le corps qui ne perçoit ni ne comprend.

C'est essentiellement, non pas fortuitement, que je ne peux pas me percevoir moi-même comme les objets extérieurs ; cela présupposerait un moi non intuitif, qui n'entre pas dans l'image.

Bref, la perception est un échantillon de l'activité des monades qui sont dans un seul monde commun, doté d'une continuité d'action.

[∗]

Quelques remarques sur le concept de sujet.
Rickert distingue trois sujets : le psychophysique, le psychologique, le noétique[1]. Celui-ci est idéal, la simple forme du sujet, et sujet de tous les objets possibles. De là,

---

1. Cf. H. Rickert, *Der Gegenstand der Erkenntnis*, 3ᵉ éd. rev. et aug., Tübingen, Mohr, 1915, surtout chap. I, § 6-7, p. 34-59.

la possibilité que l'existence soit objet de la conscience.
Objection : ce sujet irréel ne peut avoir de vécus actuels,
lesquels sont toujours l'affaire d'un sujet réel. S'il est la
simple forme de l'existence du sujet réel, il faudra dans la
noétique étudier simplement la structure idéale du sujet
réel. L'évidence est un vécu actuel du sujet actuel.

L'immanence noétique est le point de départ de la noétique,
affirme encore Rickert. Il s'ensuit que la réalité transcendante
(qui ne pourra jamais être l'objet d'un sujet) est quelque
chose dont on ne peut posséder qu'un savoir indirect
(là-contre, voir ci-dessus l'avis de Hartmann). – Je pense
qu'il élude la question de savoir ce qu'est l'objet de la
conscience *seulement* possible (objet qui devra être non
moins irréel que cette conscience même ; cela va bien sûr à
l'encontre de l'avis du sens commun, selon lequel les objets
existent indépendamment de la conscience actuelle).

Chez Rickert il est par ailleurs difficile de comprendre
quelle est la différence entre l'objet seulement possible (et
irréel) et l'objet impossible, donc entre ce qui est irréel
per accidens et ce qui l'est *a se*. Comment connaître cette
différence ? Autrement dit, quel sera le critère de la vérité
au cas où l'immanence réelle ne permet pas de se tirer
d'affaire ? Préhistoire.

On ne voit pas comment l'abstraction du « sujet qui ne
pourra jamais être objet » peut être le présupposé de tous
les objets possibles. Plutôt ceux-ci sont également pensables
isolément (comme sensations, par exemple) par suite d'une
telle abstraction (ainsi, déjà, Avenarius). Mais le fait que
personne ne puisse s'assurer de quelque chose autrement
que dans sa conscience signifie l'impossibilité pour les
sujets *réels* de se transcender, et cela l'impossibilité
essentielle, bien que le concept d'un sujet ne pouvant

jamais être objet n'implique aucunement qu'il soit une condition nécessaire de l'objectivité en général.

[*]

L'analyse heideggérienne du sujet est ontologique, elle s'adresse à l'être du sujet et ne pose pas la question, mettons, de sa fonction noétique. Selon Heidegger, les noéticiens en général ont tort de ne pas analyser le sujet de manière ontologique ; au lieu de cela, ils insistent sur le fait que le connaître ne tient rien de l'être physique et psychique, et ils protestent d'autant plus énergiquement qu'ils sont plus exempts d'idées préconçues dans leur propre opinion ; car c'est ainsi que se pose pour eux le problème de savoir comment la connaissance vient à l'objet. En même temps la question du genre d'être du sujet sombre dans l'oubli. « *Wie immer aber auch diese Innensphäre ausgelegt werden mag, sofern nur die Frage gestellt wird, wie das Erkennen aus ihr "hinaus" gelange und eine "Transzendenz" gewinne, kommt an den Tag, daß man das Erkennen problematisch findet, ohne zuvor geklärt zu haben, wie und was dieses Erkennen denn überhaupt sei, das solche Rätsel aufgibt*[1]. »

L'essentiel pour cette analyse, c'est qu'elle comprend le connaître comme un mode de l'être-au-monde. L'être-

---

1. « Mais de quelque manière que puisse être explicitée cette sphère intérieure, s'il arrive que soit au moins posée la question de savoir comment le connaître parvient à s'en "extraire" pour atteindre une "transcendance", tout ce qu'on voit c'est qu'on trouve le connaître problématique sans avoir auparavant clarifié une bonne fois comment est et ce qu'est le connaître qui pose de telles énigmes. » – M. Heidegger, *Sein und Zeit*, dans *Jahrbuch für Philosophie und phänomenologische Forschung*, vol. 8 (1927), § 13, p. 60-61 ; trad. fr. de Fr. Vezin : *Être et Temps*, Paris, Gallimard, 1986, p. 95.

au-monde relève de l'essence du « *Dasein* » (du vivre).
Le *Dasein* ne sort pas d'une sphère intérieure pour arriver
dans l'objet, mais « *ist seiner primären Seinsart nach
immer schon "draußen" bei einem begegnenden Seienden
der je schon entdeckten Welt*[1] ».

[∗]

Dieu comme fondement du système.
1.[2] Dieu en tant qu'être infini. L'être ici ne se laisse pas
concevoir comme distinct de l'idée ; en effet, il serait alors
impossible de prouver l'existence de Dieu, c'est-à-dire
l'idée de Dieu serait dépourvue de sens. Donc Dieu ne
saurait être pensé comme objet idéal. En même temps,
l'être n'est pas un attribut qui se déduirait de l'« essence »,
car nous aurions alors en Dieu l'être comme simple attribut,
un parmi beaucoup ; ceux-ci n'existeraient pas, attendu
qu'ils se distingueraient *ex hypothesi* de leur "conséquence",
et quand bien même Dieu existerait, il contiendrait quelque
chose qui n'existerait pas par soi-même. Cela signifie
qu'aucun argument qui chercherait à *prouver* Dieu (en
partant de son idée) ne peut valoir, car il conçoit *ipso facto*
l'idée comme distincte de l'être. L'être divin serait conçu
comme conséquence de l'« être » idéal. Il est dans l'essence

---

1. « de par son genre d'être primitif il est toujours déjà "au-dehors"
auprès d'un étant se rencontrant dans le monde chaque fois déjà dévoilé »
– M. Heidegger, *Sein und Zeit*, § 13, p. 62 ; trad. fr., p. 96.
2. Patočka a ici biffé une première version de ce premier point :
*Dieu = l'infini ; l'existence en est une conséquence. L'idée de Dieu
implique donc l'existence, l'existence est plus faible que l'idée de Dieu,
elle n'est pas le tout de l'idée de Dieu, mais un moment sans lequel l'idée
ne serait pas un tout. L'existence – ce sans quoi Dieu, c'est-à-dire l'infini,
ne saurait être pensé.*

de l'« être » idéal de ne pas être dans le temps, l'espace et le *nexus* causal.

L'infinitude de l'être signifie le contraire de l'être fini. Est fini tout être qui n'est pas et ne peut être tout. Le tout de l'être est donc un moment essentiel de l'être divin. Mais ce tout ne signifie pas un tout composé de singularités *qua* singularités. La singularité est justement en tant que telle une négation de cet être.

[∗]

La possibilité.

1. La possibilité pure = ce dont le contraire n'est pas contradictoire. Bien sûr, il y en a qui pensent que la réalité peut contenir des antinomies. Dans ce cas, cette rubrique n'a plus lieu d'être, les possibilités « pures » deviendront une classe des possibilités idéales en tant qu'objets idéaux, c'est-à-dire les « possibilités » logiques.

2. La « possibilité idéale » = la loi idéale ou la relation idéale en général. On la nomme possibilité parce qu'elle est *indifférente* à l'*existere* et au *non existere*. Aussi parce qu'elle est pensable absolument.

3. La possibilité réelle est elle-même une propriété réelle des choses. La propriété ou l'ensemble de propriétés dont on peut dire qu'elles ont pour conséquence un effet déterminé, des circonstances déterminées étant données. C'est pourquoi l'inflammabilité, la foisonnance… sont définissables exactement de même que n'importe quelles propriétés physiques objectives, l'ingéniosité, la créativité de même que les propriétés psychologiques. Nous les présupposons donc simplement de même droit que l'état thermique ou l'équilibre chimique d'un côté, l'*habitus* psychologique de l'autre.

NOTICE DESCRIPTIVE

Introduction. Des deux manières de philosopher (*Úvod. O dvojím způsobu filosofování*). Manuscrit de 12 pages non numérotées, écrit à l'encre noire au recto de douze demi-feuilles A4 rassemblées dans une chemise improvisée (feuille A4 pliée en deux), portant le titre de la main de l'auteur. Publié pour la première fois en tchèque par Ivan Chvatík dans la revue *Filosofický časopis*, vol. 55 (2007), n° 3, p. 325-329. Traduit ici d'après l'édition des *Sebrané spisy*, t. 8/1 : *Fenomenologické spisy III/1*, éd. I. Chvatík, J. Frei et J. Puc, Prague, Oikoymenh, 2014 (ci-après *SS 8/1*), p. 9-14. (AJP 3000/014 ; V/40 Str)

Intériorité et esprit (*Nitro a duch*). Manuscrit de 35 pages non numérotées, écrit à l'encre noire au recto de trente-cinq demi-feuilles A4 rassemblées, avec le fragment « Intériorité, temps, monde » (voir ci-dessous), dans une chemise improvisée (feuille A4 pliée en deux), portant le titre de la main de l'auteur (ainsi qu'un premier titre, biffé : *Problém podstaty ducha* [Le problème de l'essence de l'esprit]). Publié pour la première fois en traduction allemande (voir Avertissement), en tchèque dans *SS 8/1*, p. 15-31. (AJP 3000/176A ; V/39 Str)

Intériorité non objective et objectivée (*Nepředmětné a zpředmětnělé nitro*). Manuscrit de 38 pages non numérotées, écrit à l'encre noire au recto de trente-huit demi-feuilles A4 rassemblées dans une chemise improvisée (feuille A4 pliée en deux), portant le titre de la main de l'auteur. Publié pour la première fois dans *SS 8/1*, p. 32-50. (AJP 3000/106 ; VIII/58 Str)

MONDE ET OBJECTIVITÉ (*Svět a předmětnost*). Manuscrit de 37 pages non numérotées, écrit à l'encre noire au recto de trente-sept demi-feuilles A4 rassemblées dans une chemise improvisée (feuille A4 pliée en deux), portant le titre de la main de l'auteur. Publié pour la première fois en traduction allemande ; en tchèque, par Filip Karfík, dans l'anthologie I. Blecha (dir.), *Svědectví filosofie. Ohlédnutí za 20. stoletím* (Le témoignage de la philosophie. Le XXᵉ siècle en rétrospective), Olomouc, Nakladatelství Olomouc, 2009, p. 456-465. Traduit d'après *SS 8/1*, p. 51-67. (AJP 3000/179 ; V/41 Str)

INTÉRIORITÉ, TEMPS, MONDE (*Nitro, čas, svět*). Fragment de 4 pages non numérotées, écrit à l'encre noire au recto de quatre demi-feuilles A4 rassemblées dans une chemise improvisée (feuille A4 pliée en deux), portant le titre de la main de l'auteur (ainsi qu'un premier titre, biffé : *Čas a subje[ktivita]* [Temps et subjectivité]) et réunies par l'auteur aux trente-cinq feuilles du manuscrit « Intériorité et esprit ». Publié pour la première fois en traduction allemande ; en tchèque dans *SS 8/1*, p. 68-69. (AJP 3000/176B ; V/39 Str)

ANNEXE I. Notes de travail se rapportant au texte « Monde et objectivité ». Manuscrit de 9 pages non numérotées écrit à l'encre noire des deux côtés de quatre demi-feuilles A4 et au recto d'une cinquième, ainsi que sur une face d'une feuille entière, pliée en deux, qui rassemble les autres et dont l'autre face a été utilisée par l'auteur pour le brouillon d'une demande de congé maladie, rédigée en allemand et datée du 23 octobre 1944. L'ordre des pages a été établi par les éditeurs tchèques en commençant par la feuille qui sert de chemise à l'ensemble. Publié pour la première fois dans *SS 8/1*, p. 295-300, avec l'indication « notes préparatoires ». (AJP 3000/334 ; II/22 Str)

ANNEXE II. Manuscrit de 12 pages écrit à l'encre noire sur 7 demi-feuilles A4 insérées par l'auteur à la fin du cahier « Études sur le monde II » (traduit dans *Carnets philosophiques 1945-1950*,

Paris, Vrin, 2021, p. 91-166), où il est suivi d'une page encore de notes et extraits de lecture sur Charles Maurras et l'Action française et d'une feuille arrachée à un bloc de papier réglé de format 8,5 × 11,5 cm, signée et datée du 2 février 1944, qui semble se rapporter à un prêt en bibliothèque. Publié pour la première fois dans *SS 8/1*, p. 301-305 (où le texte traduit ici est amalgamé avec les notes sur Maurras et le texte de 7 feuilles volantes encore, légèrement plus petites, trouvées au début du même cahier, portant des extraits de lecture de la *Gestaltpsychologie* [1944] de David Katz, du *Traité de logique* [1945] de Charles Serrus et de *Der Aufbau des Organismus* [1934] de Kurt Goldstein). (AJP 3000/203B ; VIII/66 Str)

ANNEXE III. Notes écrites à l'encre noire sur 15 demi-feuilles non numérotées de 17 × 21 cm (neuf recto-verso, six recto seulement), rassemblées dans une chemise improvisée (feuille de format 21 × 34 cm pliée en deux) sans titre. L'ensemble a été trouvé dans une chemise rigide portant le titre « Descartes », contenant par ailleurs 28 feuilles de divers formats se rapportant à la traduction tchèque du *Discours de la méthode* publiée en 1933 avec un appareil critique et une postface de Patočka. (Le voisinage matériel des manuscrits ne permet pas pour autant de dater ces notes aussi de 1933, le séminaire de licence dirigé par le philosophe à l'université Charles pendant le semestre d'été 1945 [juin-août 1945] ayant été consacré précisément au *Discours de la méthode*, et la traduction, contrôlée par Patočka, rééditée en 1947.) Publié pour la première fois sous le titre « Quelques fragments » (*Několik fragmentů*) dans *SS 8/1*, p. 313-327. (AJP 3000/217)

INDEX

L'index ne concerne ni l'Avertissement ni
la Notice descriptive. L'italique signale les occurrences
dans les notes de bas de page.

TABLE DES MATIÈRES

Achevé d'imprimer en janvier 2023
sur les presses de
La Manufacture - Imprimeur – 52200 Langres
Tél. : (33) 325 845 892

N° imprimeur : 230049 - Dépôt légal : janvier 2023
Imprimé en France